Hardy Oelke

WESTERN REITER LEXIKON

Westernreiten von A- Z

Kierdorf Verlag

Titel: Foto und Layout Hardy Oelke

Impressum

1. Auflage 1994

ISBN 3 - 89118-079-9

Vorwort

In den letzten Jahren hat das Westernreiten in Deutschland ein starkes Wachstum erlebt. Zugleich wächst die Anerkennung dieser Reitweise durch die traditionelle Reiterei in unserem Lande, was sich durch den Beitritt des größten Westernreitverbandes, der EWU zur FN dokumentiert.

Um den vielen Interessenten und neuen Westernreitern möglichst schnell und unkompliziert die notwendigsten Informationen zu vermitteln, planten Autor und Verlag schon seit langem die Herausgabe dieses Lexikons für Westernreiten. Es liegt nun in der ersten Auflage vor und soll sich im Laufe der Zeit der weiteren Entwicklung des Westernreitens und dem steigenden Informationsbedürfnis anpassen.

Wir wünschen Ihnen jedenfalls viel Freude am Westernreiten und bei der Lektüre dieses Buches

Westernreiten

Westernreiten - für viele heute ein Zauberwort, das befrachtet ist mit Assoziationen wie Cowboyromantik, pferdefreundlichem Reiten, Reiten ohne Kommißdrill, Superpferden, Reiten durch weite Landschaften, rasantem Reiten, Lässigkeit, individueller Freiheit usw.

Das Westernreiten hat seinen Ursprung in der Arbeitsreiterei des amerikanischen Rinderhirten, der zuerst Vaquero hieß, als der amerikanische Westen noch weitgehend unter spanischem Einfluß stand, und später, seit der Angloamerikanisierung des amerikanischen Westens, unter dem Namen "Cowboy" zum amerikanischen Volkshelden wurde. Es wurde geprägt durch die Erfordernisse der Cowboyarbeit und die Eigenschaften der Pferde, wobei letztere natürlich ebenfalls durch die Anforderungen der Cowboyarbeit entwickelt und geprägt wurden.

Der Cowboy benötigte und benötigt noch immer ein wendiges und trittsicheres, zähes und robustes und zuverlässiges Pferd, ein Pferd, das sich von Natur aus gut trägt und nicht durch reiterliche Hilfen mühsam versammelt werden muß, das sensibel reagiert, das explosiv starten kann und über kurze Strecken sehr schnell ist und das möglichst auch noch ***cow sense*** hat, eine besondere Neigung und Fähigkeit für die Rinderarbeit.

Er mußte in vielen Situationen in der Lage sein, sein Pferd einhändig zu steuern, weil er mit der anderen Hand etwas anderes tun mußte, z.B. sein wichtigstes Werkzeug halten, das Rope (Lasso); daher die einhändige Zügelführung. Er betrieb das Reiten nicht zum Spaß, sondern als Mittel zum Zweck. Er hatte weder Zeit noch Lust, sich reiterlich zu bemühen. Sein Pferd mußte ihm voll zur Verfügung stehen, ohne daß er ihm große Aufmerksamkeit schenken mußte und ohne daß aufwendige reiterliche Hilfen erforderlich waren. So hingen die Zügel fast immer durch und wurden nur angenommen zum Verlangsamen oder Anhalten. Ein ständiges An-den-Zügel-Reiten und Versammeln des Pferdes durch reiterliche Hilfen war und ist für ihn ein Unding.

Oft hing und hängt seine Effektivität bei der Arbeit von der Fähigkeit seines Pferdes ab, blitzartig auf der Hinterhand zu stoppen und gegebenenfalls dabei ein tausendpfündiges Rind am anderen Ende des Ropes zum Halt oder auch zu Fall zu bringen.

Wiederum hing und hängt seine Effektivität oftmals davon ab, daß sein Pferd aus dem Stop wenden und sofort

Old-time Cowboys bei der Arbeit

in die entgegengesetzte Richtung davongaloppieren kann, und daß es aus dem Stand "von null auf hundert" in Sekundenbruchteilen beschleunigen kann, denn sonst entkommt ihm u.U. ein halbwildes Rind, das er einfangen will.

Natürlich wurde und wird sein Pferd mit allen denkbaren Anforderungen im Gelände konfrontiert, vom Hinauf- und Hinunterreiten von Steilhängen bis zum Durchqueren von Flüssen.

Aus diesen Grundanforderungen heraus entwickelten sich die Westernreitweise und auch die vielen unterschiedlichen Disziplinen innerhalb des turniermäßigen Westernreitens.

Ganz ähnliche Anforderungen haben in anderen Teilen der Welt vergleichbare Reitstile entstehen lassen. So reiten die Vaqueiros und Gauchos in Südamerika nicht viel anders und haben z.T. fast identische Ausrüstungsgegenstände, ähnlich die Camargue-Reiter in Südfrankreich. Der Einfluß, den die spanischen Eroberer hatten, ist dafür verantwortlich. Wo er fehlte, z.B. in Australien, entwickelte sich die Reiterei trotz gleicher Anforderungen unterschiedlich, und erst durch die Berührung mit dem amerikanischen Cowboy in neuerer Zeit fanden dessen Methoden auch in Australien Anwendung, und das Westernturnierreiten ist auch dort im Kommen.

Seit den ersten Anfängen hat sich das Westernreiten in Nordamerika enorm weiterentwickelt, sowohl bezüglich der Show-Disziplinen, ihrer Definierung und Bewertung, wie auch der Trainingsmethoden und, *last but not least*, der Zucht von speziellen Westernpferden. Letztere haben, das darf wohl behauptet werden, ein bislang noch nie dagewesenes Qualitätsniveau erreicht.

Westernreiten in Deutschland

Das Westernreiten in Deutschland ist den Kinderschuhen entwachsen. Obwohl es gegenüber der hier traditionellen Reiterei zahlenmäßig zurücksteht und dies zwangsläufig wohl auch so bleiben wird, hat sich die Westernreit-Szene und die Westernpferdezucht doch etabliert.

Die "Anhänger" des Westernreitens sind in den vergangenen 20 Jahren so zahlreich geworden, die Westernturniere so häufig, attraktiv und gut besucht, die Western Horse-Zucht so erfolgreich, daß die Westernreiter ihr "Außenseitergefühl" abgelegt haben. Sie schielen nicht mehr eifersüchtig auf die "Englischreiter", sondern sind sich selbst genug und können ganz im Westernreitgeschehen aufgehen.

Immer noch besteht ein großer Teil derer, die zum Westernreiten kommen, aus desillusionierten "Englischreitern". Hier soll ganz gewiß nicht der Eindruck erweckt

Publikumsmagnet Westerreiten auf der EQUITANA

werden, als wäre die "Englischreiterei" abzulehnen oder schlechter als die Westernreiterei. In beiden Lagern gibt es gute und schlechte Reiter. Dennoch ist es einfach eine Tatsache, daß viele der strammen Zügel, der müden Oberarme und der klopfenden Absätze überdrüssig werden. Wenn sie dann ein gutausgebildetes Westernpferd sehen, ist es für sie eine Offenbarung: So mühelos leicht kann Reiten sein? So fabelhaft artig können Pferde gehen? Und dann ist die Gemeinde der Westernreiter wieder um einen weiteren gewachsen.

Letztlich ist es natürlich so, daß gutes Reiten gelernt sein will, und man wird nicht dadurch ein besserer Reiter, daß man sich als Westernreiter erklärt und fortan sein Pferd im Westernsattel traktiert.

Ganz grob kann man zwei Bereiche innerhalb der Westernreitbewegung unterscheiden, die Westernturnierreiter und die Nichtturnierreiter. Die Nichtturnierreiter werden meistens als "Freizeitreiter" bezeichnet, wodurch sie aber nicht treffend gekennzeichnet sind. Auch die meisten der Turnierreiter sind effektiv Freizeitreiter, nämlich alle, die keine Profis sind.

Bei vielen Nichtturnierreitern erschöpft sich das, was sie als Westernreiten zu betreiben meinen, darin, daß sie ohne Ambitionen durch die Natur reiten und dazu Westernausrüstung verwenden. Das ist völlig legitim, und wenn sie ihre Pferde dabei am weggeworfenen Zügel daherlatschen lassen, so ist das sicher besser, als wenn sie ihnen ständig im Maul ziehen würden. Hier ist vom Westernreiten außer der Ausrüstung also nur ein Rudiment der zugrundeliegenden Philosophie übriggeblieben. Die reiterliche Ausbildung dieser Westernreiter läßt vielfach sehr zu wünschen übrig, und es ist nicht fair, sie als

Maßstab heranzuziehen. Es ist auch nicht so, als wären alle diese Westernreiter frei von Turnierehrgeiz, denn oft veranstalten sie kleine "hausgemachte" Turniere.

Die guten Westernreiter finden sich überwiegend im Turniersport, bei Profis wie bei Amateuren. Wie überall, wo der Ehrgeiz ins Spiel kommt, bleiben hier allerdings die Feinheiten und die Ästhetik manchmal auf der Strecke.

Die Faszination des Westernreitens rührt von der Leichtigkeit her, mit der ein gutausgebildetes Westernpferd seine Lektionen absolviert, von der Empfindsamkeit, mit der es reagiert, von der Lässigkeit oder Gelassenheit, mit

Stop aus vollem Galopp ohne Zügeleinwirkung

der es darum geritten werden kann. Man nimmt mit Recht an, daß es nicht nur für den Reiter angenehmer sein muß, so zu reiten, sondern auch für das Pferd, so geritten zu werden.

Der Cowboy, aus dessen Arbeitsreiterei sich das Westernreiten entwickelt hat, konnte, wie schon erwähnt, kein Pferd gebrauchen, das seine Aufmerksamkeit erforderte. Seine Aufmerksamkeit mußte er seiner Arbeit zuwenden. Das Pferd war ein Werkzeug für diese Arbeit, für die er meistens eine Hand frei haben mußte und für die sich das Pferd deshalb problemlos mit einer Hand lenken lassen mußte. Die einhändige Zügelführung ist darum bis heute auffälligstes Merkmal des ausgebildeten Westernpferdes.

Diese entspannte Art zu reiten, ohne aufwendige Hilfen, ermöglicht es Reitanfängern auch, schneller das Reiten zu erlernen.

Nicht zu vergessen ist, daß die besonderen physischen und psychischen Eigenschaften der Western Horses, die eigens für dieses Reiten gezüchtet wurden, einen großen Anteil daran haben, daß Westernreiten so unbeschwert ausgeübt werden kann. Das sind die Quarter Horses, Paint Horses und Appaloosa Horses. Es soll nicht bestritten werden, daß es gelegentlich auch einmal Pferde anderer Rassen gibt, die sich in den Westerndisziplinen gut schlagen. Ein guter, fleißiger Reiter auf einem andersrassigen Pferd wird sicher besser abschneiden als ein schwacher Reiter auf einem Westernpferd. Aber Tatsache ist: Je höher das Niveau in typischen Western-Disziplinen, desto weniger Pferde anderer Rassen findet man unter den Siegern und Plazierten. In den klassischen Westernwettbewerben Reining und Cutting sind auf höherem Niveau kaum Pferde anderer Rassen auf den vorderen Plätzen zu finden.

Zum westernmäßigen Spazierenreiten und Wanderreiten geben viele kleinere, kompakte Pferde anderer Rassen brauchbare Reittiere ab, auch in der Turnierdisziplin Trail können sie sich recht gut behaupten. Aber das heißt nicht, daß Western Horses nicht auch für den Spazier- und Wanderreiter ideal sind! Manch einer hält es für nicht angebracht, für ein Spazierreitpferd soviel Geld auszugeben, wie ein gutes Western Horse nun einmal kostet, aber wer es sich leisten kann, wird gerade auch dabei von der Nervenstärke, Belastbarkeit, dem angenehmen Wesen und den bequemen Gängen begeistert sein.

Egal, ob Spazier- oder Turnierreiten - das Westernreiten ist ein lohnendes Hobby, das viel Freude macht und vielen Erfüllung gibt.

Mit dem Erlernen der Reitweise stellt es sich nicht so unproblematisch wie beim "Englischreiten" dar, denn qualifizierten Westernreitunterricht gibt es nicht überall. Wer es ernst meint und im Westernreiten weiterkommen will, muß sich darauf einstellen, u.U. weit fahren zu müssen. Es mag in der Nähe jemanden geben, der Unterricht anbietet. Das heißt aber noch nicht, daß er dafür auch qualifiziert ist. Ein Diplom oder sonstige Bescheinigung, die jemandes Qualifikation ausweist, gibt es noch nicht. Man muß sich umhören und vor allem umschauen, um jemanden zu finden, dessen Art zu reiten einem gefällt, und der auch willens und in der Lage ist, etwas zu vermitteln.

Neben dem Besuch von Turnieren, dem Anschauen von Trainingsarbeit oder dem Mitreiten vermittelt die Zeitschrift "Western Horse", die monatlich erscheint, den besten Einblick in die Westernreit-Szene. Ansprechpartner sind auch die einzelnen Westernreit- und Western Horse-Verbände: EWU, NRHA, NCHA, APHCG, DQHA und PHCG, deren Anschriften Sie in diesem Buch finden.

WESTERN HORSE, seit 1988

Eins sollte man nicht tun, wenn man sich für das Westernreiten interessiert und sich informieren und kritisch umschauen will - man sollte nicht die Könner der Englischreiterei mit biederen Handwerkern oder gar Stümpern der Westernreiterei vergleichen! Es ist nicht fair, Dr. Klimke mit einem Westernreiter zu vergleichen, der auf einem Regionalturnier eine Klasse gewinnt oder der zufällig in der Nachbarschaft ansässig ist und vielleicht viel Sendungsbewußtsein, aber keine Qualifikation hat. Es gibt, wie gesagt, überall gute und weniger gute Reiter.

Die Ausrüstung des Westernreiters

hat ihren Ursprung, wie die Reitweise selbst, in der Arbeitsreiterei des nordamerikanischen Vaqueros und Cowboys. Es ist besonders der Sattel, der soviele Vorteile bietet, daß er auch von vielen Nichtwesternreitern besonders beim Reiten im Gelände benutzt wird.

Der Western- oder Cowboysattel ist aus Haltbarkeits- und Bequemlichkeits-Gesichtspunkten heraus entwickelt worden, abgesehen davon, daß er zugleich auch Werkzeug war. Der Cowboy mußte meistens den ganzen Tag im Sattel verbringen, der Sattel mußte darum möglichst bequem sein. Der Sattel wurde höchster Beanspruchung ausgesetzt, er mußte deshalb äußerste Stabilität aufweisen. Westernsättel wurden nach und nach für viele unterschiedliche Spezialgebiete gebaut, entsprechend der großen Vielfalt an Disziplinen im Westernreiten, und es gibt ihn darum in sehr vielen Variationen.

Der Hauptvorteil des Westernsattels ist, neben seiner Stabilität und Bequemlichkeit für den Reiter, seine große Auflagefläche auf dem Pferderücken und die dadurch bedingte optimale Verteilung des Reitergewichtes. Pferde, die unter Englischsätteln oder schlecht passenden Westernsätteln Rückenprobleme und Rückenschmerzen bekommen haben, gehen unter einem guten Westernsattel nicht selten wie befreit.

Man kann auch sagen, daß der Westernsattel aufgrund seiner Bauweise dem Reiter mehr Sicherheit gibt. Dazu tragen die schweren, großen Steigbügel nicht unerheblich bei, die keine Tendenz zum Herumflattern haben, immer an derselben Stelle hängen, eine gute Trittfläche bieten und dem Fuß erlauben, jederzeit leicht herausgezogen zu werden.

Viele Ausrüstungsgegenstände des Westernreiters sind kaum anders als ihre Gegenstücke im "Englischreiten", werden nur anders genannt. So heißt die bekannte Wassertrense beim Westernreiter "Snaffle Bit". Der Snaffle Bit weicht allerdings meistens insofern etwas ab, als daß er nicht hohl und nicht aus rostfreiem Material ist, sondern massiv und ganz bewußt aus einfachem, rostendem Eisen oder Stahl, weil das Metall einen Geschmack abgibt, der dem Pferd wesentlich angenehmer ist und seinen Speichelfluß anregt. Im Gegensatz zu dem weitverbreiteten Vorurteil, daß Westernreiten nur mit Kandare stattfindet, ist es vielmehr so, daß die meisten Pferde den größten Teil ihrer Ausbildung mit dem Snaffle Bit absolvieren.

Eine Zäumung, die viele fasziniert und nicht wenige zum Westernreiten gebracht hat, ist die Hackamore. Die Hackamore ist eine gebißlose Zäumung, bestehend aus einem Nasenband aus Rohhaut, Leder oder Seil, an dem die Zügel befestigt sind. Sie hat nichts zu tun mit der mechanischen "Hackamore", die z.T. auch bei Springreitern Verwendung findet, nach dem Hebelprinzip über eine Kinnkette arbeitet und von der eigentlichen Hackamore fälschlicherweise nur den Namen entlehnt hat. Die mechanische Hackamore ist in keiner Western-Dressurdisziplin zugelassen und sollte treffender als gebißlose Kandare bezeichnet werden.

Zurück zur eigentlichen Hackamore: Sie ist eine Zäumung, die zur Ausbildung junger Pferde entwickelt wurde, die dann später, zum Ende ihrer Ausbildung, auf die einhändige Reitweise und Kandare umgestellt werden. In Westernturnierklassen darf sie nur bei drei- und vierjährigen Pferden benutzt werden.

Obwohl es für viele faszinierend ist, wenn ein Pferd in einer Hackamore, ohne etwas im Maul zu haben, alles macht, wird sie doch von vielen bezüglich ihrer Wirkung und vermeintlich humaneren Einwirkung überschätzt. Oder besser gesagt, der Snaffle Bit und andere Bits (Gebisse, Mundstücke) werden zu Unrecht in Mißkredit gebracht. Es sind immer die Reiter bzw. deren Hände, die grob sind, nicht die Zäumungen. Wer sein Handwerk versteht, kann mit dem Snaffle Bit genauso human ein-

Junges Quarter Horse mit Hackamore

wirken, wie mit der Hackamore. Und die Pferde der Träumer, die eine Hackamore benutzen, ohne damit umgehen zu können, sind ganz gewiß unglücklicher als die, welche von Könnern mit einem Gebiß geritten werden.

Der früher existierende Unterschied in der Reitweise und besonders der Ausrüstung innerhalb der Westernreiterei zwischen dem Westküsten- oder kalifornischen Stil und dem texanischen oder östlichen Stil ist heutzutage nicht mehr relevant. Diese Feinheiten sind etwas für Historiker und Spezialisten und können vom Neuling getrost ignoriert werden.

Ein Wort sollte vielleicht den Sporen gewidmet sein. Die Sporen des Westernreiters sind überwiegend sehr viel auffälliger als die des Englischreiters. Deshalb sind sie aber nicht schärfer. Grundsätzlich gilt: Je größer das Sporenrad, desto milder dessen Einwirkung. Der Sporn des Englischreiters ist zwar klein, dadurch bringt er aber auch viel mehr Druck auf den Quadratzentimeter und wirkt schärfer als viele Westernsporen, obwohl er unauffälliger ist. Lassen Sie sich einen Westernsporn über den Arm oder die Hand rollen, und Sie werden feststellen, daß er nicht scharf ist. Finden Sie jemanden, der mit scharfen Sporen reitet, sollten Sie ihn anprangern! Damit erweisen Sie der Westernreiterei einen guten Dienst.

Und wundern Sie sich nicht, wenn auf einem Westernturnier alle Teilnehmer Cowboyhut und Cowboystiefel tragen. Das ist nunmal so vorgeschrieben, genau wie ein langärmeliges Hemd oder eine langärmelige Jacke, und das ist eigentlich eine recht zurückhaltende Vorschrift, die im übrigen den Reitern viel persönliche Freiheit läßt.

Die Western Horses

Es gibt amerikanische Pferde, die sich mit der Westernreiterei zusammen entwickelt haben, die seit Jahrhunderten für diesen Verwendungszweck gezüchtet wurden und die sich darum dafür so gut eignen wie keine andere Rasse. Diese Pferde, Western Horses genannt, werden in drei separaten Zuchten gezüchtet und von drei entsprechenden Zuchtverbänden betreut.

Western Horses sind äußerst athletische, kompakte, mittelgroße Pferde, die sich durch ein sanftes, kooperatives, lernwilliges Wesen, Nervenstärke, Rittigkeit, Wendigkeit, "Kuhverstand", Speed und Geschick auszeichnen. Sie stammen alle von entlaufenen Pferden der spanischen Eroberer und Vorläufern des Vollbluts ab, später mit Vollblütern eingekreuzt.

Das QUARTER HORSE stellt das Western Horse schlechthin dar und zugleich die zahlenmäßig stärkste Zucht (rd. 3 Millionen eingetragene Pferde, größte Haustierrasse der Welt). Den Namen erhielt es wegen seiner Dominanz in den Quarter Mile Races, den Viertelmeilenrennen. Alle Eigenschaften, die für die unterschiedlichen Westernreit-

Der Quarter Horse-Hengst DOC CHEX beim Cutting

disziplinen gebraucht werden, verkörpert das Quarter Horse wie keine andere Pferderasse. Es kommen alle Farben beim Quarter Horse vor. Der Zuchtverband ist die American Quarter Horse Association in Amarillo, Texas.

Das Paint Horse ist eine gescheckte Variante des Quarter Horses, wie sie schon immer vorkam. Seit 1962 werden diese Pferde von einem separaten Zuchtverband, der American Paint Horse Association, Fort Worth, Texas, betreut. Rassemäßig ist das Paint Horse absolut identisch

Paint Horse

mit dem Quarter Horse, es weist dieselben Blutlinien und Eigenschaften auf. Der einzige Unterschied besteht in mehr oder weniger vorhandenen weißen Flecken. Wie bei allen anderen gescheckten Pferden auch, treten die Flecken in zwei verschiedenen Mustern auf, Tobiano und Overo, die sich auch unterschiedlich vererben. Häufig fällt aus der Anpaarung zweier Quarter Horses ein Paint Horse-Fohlen, und es werden auch Quarter Horses mit Paint Horses gepaart, so daß viele Paint Horses einen oder sogar zwei Quarter Horse-Eltern haben. Andere Anpaarungen als auf Quarter Horse-Basis sind nicht zulässig (Quarter Horse-Basis bedeutet aber immer, daß Vollblutanpaarungen erlaubt sind).

Appaloosa - Hengst RUSTLER BILL

Das Appaloosa Horse ist nicht so konsequent auf Quarter Horse-Basis gezogen. Neben Einkreuzungen von Vollblütern waren bei den Appaloosas in der Vergangenheit auch solche mit Arabern, Trabern, Morgans und Saddlebreds zulässig, und auch heute noch werden Araber eingekreuzt, hauptsächlich von Distanzreitern. Dennoch sind die meisten Appaloosas heute hauptsächlich von Quarter Horse-Abstammung. Ganz besonders bei denen, welche im Turniersport erfolgreich sind, finden wir die populären Quarter Horse-Linien. Bei den Appaloosas, deren typische Fellzeichnung als "Tigerschecke" bezeichnet wird, gibt es viele unterschiedliche Zeichnungsmuster. Der Zuchtverband, der Appaloosa Horse Club, hat seinen Sitz in Moscow, Idaho.

Hinweise:

Soweit die Aussprache der Worte im Englischen deutlich anders ist als sie geschrieben werden, ist hinter jeder Bezeichnung in Klammern ein Hinweis für die Aussprache gegeben, der natürlich die Aussprache nur beschränkt darstellen kann. Es wurde auch kein Versuch unternommen, den Lispellaut des „th" darzustellen, sondern das „th" wurde auch in den Klammern einfach als „th" geschrieben.

> =Hinweis auf ein weiteres Stichwort im Lexikon

A

A, AA , AAA , AAAT (äi, dabl äi, trippel äi, trippel äi top) = Bezeichnung für den > Speed Index eines Pferdes, die nicht mehr gebräuchlich ist. Anfangs war AA der höchste Speed Index, den ein Pferd erreichen konnte, später war AAA der höchste. Dann fügte man noch ein T dazu bei den allerschnellsten Pferden (AAAT = „Triple A Top"). Heute wird der Speed Index in Zahlen ausgedrückt. Ab einem Speed Index von 80 erhält ein Pferd das > Register of Merit in > Racing zuerkannt. Die schnellsten Quarter-Rennpferde haben einen Speed Index von über 100. Um einen Speed Index von 100 zu erringen, muß ein Pferd über die Viertelmeile (440 Yards) 22.05 Sekunden schnell sein. Ein Speed Index von 100 wird bei anderen gängigen Distanzen gegeben, wenn ein Pferd 20.15 Sekunden schnell ist über 400 Yards oder 16.95 Sekunden über 330 Yards.

Achievement (ätschihvment) = Errungenschaft

Aged (äidscht) = Auf das Alter bezogen. Ein „aged" Pferd ist ein vierjähriges oder älteres Pferd

Albino (älbaino) = Mutation, „Weißling"; bei Pferden gibt es angeblich keine lebensfähigen echten Albinos, so daß diese Bezeichnung bei Pferden lediglich eine Farbbezeichnung darstellt. Es handelt sich um fast weiße Pferde, die auch weiß geboren werden, im Gegensatz zu Schimmeln (> Greys). Albinos werden bei der > AQHA nicht eingetragen. Es gibt in Amerika einen eigenen Verband für diese Weißlinge, der aber nur nach Farbe registriert, nicht nach Rasse

All-around = Das Gegenteil von spezialisiert; ein Pferd, das „all-around" ist, ist in allen oder den meisten Disziplinen erfolgreich einsetzbar.

Der offizielle All-around-Titel wird einem Pferd verliehen, das auf einer > Show die meisten > Points gewonnen hat. Die anerkannten Disziplinen oder Klassen einer Show sind in verschiedene Kategorien (> Category) eingeteilt, und um für den All-around-Titel infrage zu kommen, muß ein Pferd in einer Mindestanzahl von Kategorien gestartet sein. So schreibt z.B. die > AQHA vor, daß ein Pferd in mindestens 3 Kategorien von Klassen gestartet sein muß, die > APHA schreibt vor, daß es in > Open Halter plus 3 Kategorien gestartet sein muß

All-around High Point = Ein Titel, der von der > AQHA am Jahresende dem Pferd verliehen wird, das die meisten > Points in > Halter plus > Performance-Klassen aus wenigstens 2 Kategorien errungen hat

Amateur = Nicht-Professioneller; die einzelnen Zucht- und Reitverbände haben ähnliche Definitionen für den Status des Amateurs. Bei der > AQHA z.B. gilt jemand als Amateur, der kein Jugendlicher mehr ist und in den letzten fünf Jahren nicht gegen Entgeld oder Vergütung in anderer Form Pferde geshowt, gerichtet oder trainiert hat oder dabei assistiert hat, auch nicht gegen Vergütung anderen Personen beim Reiten, Fahren, Showen oder Trainieren geholfen hat. Reitverbände, wie die > NCHA oder > NRHA, beziehen den Amateurstatus lediglich auf die Disziplin, die sie vertreten. Wer professioneller Trainer in anderen Disziplinen als Reining ist, nicht aber in Reining, kann z.B. in NRHA Shows als Amateur starten

American Paint Horse Association (APHA) (ämeriken päint hors äßoußiäischn) = Der amerikanische Zuchtverband für > Paint Horses

American Quarter Horse Association (AQHA) = Der amerikanische Zuchtverband für > Quarter Horses; größter Zuchtverband der Welt

Americana = Größtes und bedeutendstes internationales Westernturnier in Europa, gleichzeitig offene (rasseunabhängige) Europameisterschaften im Westernreiten und „World Open", d.h. Reiter aus aller Welt können teilnehmen; findet alle zwei Jahre statt, abwechselnd mit den > German Open

Antizipieren = Das Vorwegnehmenwollen eines Manövers seitens des Pferdes, besonders in der > Reining-Prüfung fehlerhaft

APHA (äi-pi-äitsch-äi) = > American Paint Horse Association

ApHC (äi-pi-äitsch-ßi) = > Appaloosa Horse Club

Appaloosa (äpeluhßa) = > Western Horse-Rasse; zeichnet sich durch „Tigerscheckung" aus und wurde ursprünglich von den Nez Perce Indianern gezüchtet

Appaloosa Horse Club (...hors klab) = Der amerikanische Zuchtverband für > Appaloosas

Appaloosa Horse Club Germany (ApHCG) = Der vom > ApHC anerkannte Anschlußverband für Deutschland

ApHCG = Appaloosa Horse Club Germany

Approved (apruhvd) = Anerkannt; die Teilnehmer einer Show oder Klasse auf einer Show, die von einem Verband anerkannt ist, erhalten ihrer Plazierung entsprechend von diesem Verband > Points, die gespeichert werden und für etwaige Titel zählen. Approved Shows müssen von approved (anerkannten) Richtern gerichtet werden und noch andere Voraussetzungen erfüllen

AQHA (äi-kju-äitsch-äi) = > American Quarter Horse Association

Arena = Reitbahn, Reitplatz; beim > Register of Merit wird unterschieden zwischen Show oder Arena ROM und > Racing ROM. Das Show oder Arena ROM bezieht sich auf die Reitklassen, die, im Gegensatz zum Racing, in der Arena oder Reitbahn durchgeführt werden

Argentine Snaffle (ahrdschntain snäfl) = > Snaffle with Shanks; hat nur kurze Hebelarme, ähnlich einem > Tom Thumb, mit Ösen für > Snaffle-Zügel und für die Hebelarmzügel

Association (äßoußiäischn) = Vereinigung, Verband

Attire (ättair) = Kleidung; Vorschrift für den Westernreiter auf Turnieren sind Cowboyhut, langärmeliges Hemd mit Kragen bzw. langärmelige Jacke mit Kragen und Cowboystiefel

Ausbinden = Auf verschiedene Weisen kann das Pferd mit den Zügeln ausgebunden werden, um so mit dem Gebiß vertraut zu werden und zu lernen, ihm gegenüber nachzugeben. Dient außerdem dazu, Versteifungen entgegenzuwirken

Abb.1: Aussacken mit angelegtem Scotch Hobble

Aussacken = Vertrauensbildende Maßnahme, bei der das Pferd so weit wie nötig immobilisiert und mit erschreckenden Dingen und Geräuschen konfrontiert wird, um deren Harmlosigkeit herauszufinden und zu akzeptieren. Ein Abreiben und leichtes Gegenschlagen mit einem Sack ist gängig, daher der Name

Award (äuohrt) = Auszeichnung, Preis; to award = verleihen (eines Preises, Titels etc.)

Abb.2: Back Through

B

Back (bäk) = Rücken; zurück; rückwärts

Back Cinch (...ßinch) = Hinterer Bauchgurt an manchen > Westernsätteln, verhindert ein Hochklappen des Sattels hinten, wenn Druck oder Zug auf das vordere Ende bzw. das Horn kommt

Back Jockey (...dschohki) = Lederplatte hinterm > Cantle des > Westernsattels

Back through (...thruh) = Teil der > Trail-Prüfung; ein > Back up durch ein Hindernis. Z.B. kann das Pferd durch zwei auf dem Boden liegende Stangen navigieren müssen

Back up (... ap) = Rückwärtsrichten)

Band of Horses (bänd of horßes) = Eine Gruppe von Pferden; > Broodmare Band = Zuchtstutenherde

Barrel (bärl) = Faß. Rumpf bzw. Brustkasten des Pferdes

Barrel Racing (... räißing) = > Timed Event; Rennen um 3 Tonnen herum

Abb.3: Barrel Racing

Basket stamped (bäsket ßtämpd) = Einpunziertes Korbmuster

Basket weave (...uihv) = Korbmuster

Abb.4: Kombiniertes Basket Weave u. Floral Carving

Bat (bät) = Klatsche; wird ähnlich einer Gerte gebraucht, „beißt" aber nicht wie eine Gerte, sondern beeindruckt das Pferd mehr durch das klatschende Geräusch

Batwings (bätuings) = > Chaps mit weitabstehenden, fledermausflügelähnlich geschnittenen Lederüberständen

Bay (bäi) = Rotbrauner oder Hellbrauner

Be Aech Enterprise (bi äitsch entrprais) = Herausragender Vererber von > Reining-Pferden

Belt Buckle = Gürtelschnalle; > Trophy Buckle

Bending = Biegen

Billy Allen Bit = > Snaffle with Shanks mit doppelt gebrochenem Mundstück, welches eine besondere Mechanik hat

Bit = Gebiß; meistens gebraucht für > Curb Bits, also Kandaren

Bit Guards (bit gards) = Schützer aus Gummi oder Leder, die seitlich zwischen den Maulwinkeln des Pferdes und den Seitenteilen oder Ringen des > Bits zu liegen kommen und die Maulwinkel schützen sollen

Black = Schwarzer, Rappe

Blanket = Decke; Farbbezeichnung für einen > Appaloosa mit deckenartiger weißer Zeichnung auf der Hinterhand

Blaze (bläis) = Blesse

Abb.5:

Appaloosa mit Blanket-Zeichnung

Blue Eyes (blu ais) = „Blaue Augen“, manchmal auch „Glausaugen“ oder „Baumwollaugen“ (Cotton Eyes) genannt

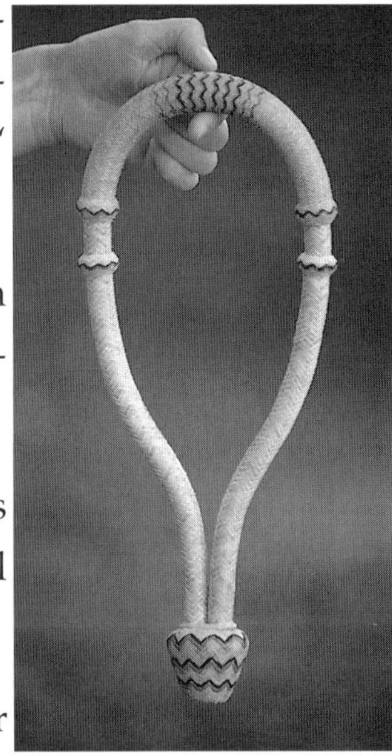

Abb.6: Bosal

Boots (buhts) = Stiefel; auch Schutzgamaschen für die Pferdebeine werden so bezeichnet

Bosal (bosäl) = Nasenband aus Rohhaut oder Leder, Bestandteil der > Hackamore-Zäumung

Bowline (boulain) = Knoten, der sich auch bei Belastung nicht zuzieht, so daß er jederzeit leicht wieder geöffnet werden kann

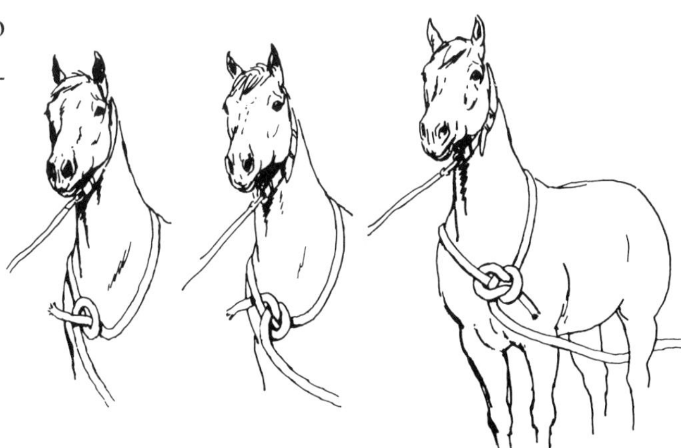

Abb.7: So wird der Bowline-Knoten gemacht

Boxing = Teil der > Reined Cow Horse-Prüfung; das Rind wird an der kurzen Seite gehalten, der Reiter demonstriert damit, daß sein Pferd Kontrolle über das Rind hat

Braces (bräißis) = Teile des Mundstücks beim > Spade-Bit, verstrebungsartig zwischen > Port und > Cheekpieces

Breast Collar (brest colr) = Brustgeschirr; Ausrüstungsgegenstand, der ein Rutschen des > Westernsattels nach hinten verhindert und rechts und links am Westernsattel befestigt wird, entweder an eigens dafür vorgesehenen > D-Ringen oder an den > Rigging-Ringen. Breast Collars sind meistens aus Leder und mit einem Riemen in der Mitte am > Cinch befestigt, aber es gibt auch solche aus > Mohair

Breakaway Roping (bräikeuäi rouping) = > Roping mit einem > Rope, dessen Schlinge sich ab einer bestimmten Zugkraft öffnet, so daß das gefangene Tier wieder freikommt; eine Jugendklasse

Breaking (bräiking) = Bedeutet übersetzt Brechen oder Einbrechen und stammt aus den Tagen des alten Westens, als die Pferde aus Zeitmangel meistens ziemlich brutal eingebrochen wurden, auch wenn manche diesem Wort heute gern eine humanere Bedeutung geben möchten. Das Breaking oder Einreiten geschieht heute bei allen Trainern, die den Namen verdienen, schonend und mit sehr viel Einfühlsamkeit, obwohl es aus Tradition noch immer Breaking genannt wird

Breed (brihd) = Rasse

Breed Association (... äßoußiäischn) = Zuchtverband

Breeder (brihdr) = Züchter; Besitzer der Mutter eines Pferdes, als diese gedeckt wurde

Breeder's Certificate = Deckschein

Breeding = Abstammung, Zucht

Breeding Hobbles (... hobls) = > Hobbles zur Einschränkung der Bewegungsfreiheit von Stutenhinterbeinen während des Deckaktes

Breeding Farm = Zuchtbetrieb

Breeding Stock = Zuchtmaterial, Zuchttiere; ein einfarbiges > Paint Horse wird als Breeding Stock Paint Horse eingetragen und bezeichnet

Abb.8: Bridge oder Teeter-Totter

Bridge (bridsch) = Brücke; ein Pflichthindernis bei der > Trail-Prüfung

Bridle (braidl) = Das komplette Zaumzeug mit Kopfstück und Gebiß; wird vielfach so angewandt, daß darunter ein Zaum mit > Bit verstanden wird

Bridle Path (... päth) = Bezeichnung für eine partiell abgeschorene Mähne, vom Punkt zwischen den Ohren bis etwa eine Ohrenlänge hinter den Ohren. Es erleichtert das Aufzäumen, weil keine Mähnenhaare im Weg sind; wird bei > Halter-Pferden gemacht, weil es das Genick schlanker aussehen läßt

Bronc, Bronco (bronk, bronko) = Ungezähmtes, nicht eingerittenes Pferd

Broodmare (bruudmär) = Zuchtstute

Browband (braubänd) = Stirnriemen des Zaumzeugs

Brown (braun) = Dunkelbrauner, Schwarzbrauner. Viele Schwarzbraune werden fälschlich als Blacks, also als Rappen eingetragen; ein schwarzes Pferd, das Aufhellungen (braune Stellen) in der Maul- oder Flankenpartie aufweist, ist ein Brown, kein Black

Bucking Horse (backing hors) = Bockendes Pferd; das Bucking Horse-Reiten ist > Rodeo-Disziplin, unterteilt in Saddle Bronc Riding (mit Sattel) und Bareback Bronc Riding (ohne Sattel)

Buckle (bakl) = Schnalle

Buckskin = Falbe (ohne Mausfalbe) mit schwarzem Langhaar und ohne Aalstrich und Zebrastreifen. Es gibt in Amerika einen eigenen Verband für Buckskins, der auch > Duns und > Grullas registriert, also alle Falben. Dieser trägt aber nur nach Farbe ein, d.h. Falbpferde verschiedener Rassen und Kreuzungen

Buttons (batns) = Knöpfe; Knöpfe aus Leder und aus anderem Material finden als Verschluß Verwendung z.B. bei > Snaffle Bit-Zügeln, > Chaps und > Chin Straps, außerdem haben die typischen kalifornischen > Rawhide-Zügel Verdickungen, die als Buttons bezeichnet werden und zur gewichtsmäßigen Ausbalancierung dienen, wie auch dazu, die Zügel für das Pferd besser fühlbar zu machen

C

Calf Roping (käf rouping) = > Rodeo-Disziplin, bei der ein Cowboy ein Kalb mit dem > Rope fangen, umwerfen und fesseln muß

California Style = An der amerikanischen Westküste entstandene Reit- und Arbeitsweise, die auch ihre eigenständigen Ausrüstungs- und Bekleidungsgegenstände hervorgebracht hatte und heute nur noch in Rudimenten gefunden wird. Merkmale: > Single Rig-Sattel, > Rawhide Hackamore, > Spade Bit, geschlossene Reins mit > Romal, Rawhide > Lariat, > Dally Roping, > Reined Cow Horse

Cannon Bone (känen boun) = Röhre, Röhrenknochen des Pferdebeins; soll bei Westernpferden möglichst kurz sein

Cantle (käntl) = Hinterer erhöhter Rand des Sattels

Category = Kategorie; hier von Bedeutung bei anerkannten Disziplinen, die in verschiedene Kategorien eingeteilt sind

Cathedral Bit (kethihdrel bit) = > Curb Bit mit hoher Zungenfreiheit, deren Form an die einer Kathedrale erinnert; > illegaler Bit auf > Shows

Certificate (ßörtihfiket) = Bescheinigung, Urkunde, Dokument

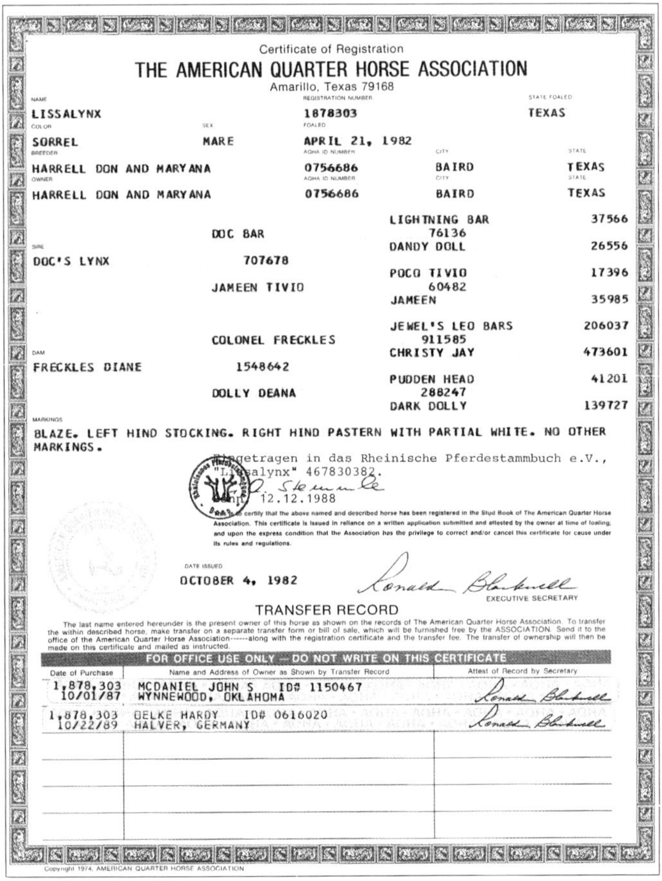

Certificate of Registration

THE AMERICAN QUARTER HORSE ASSOCIATION

Amarillo, Texas 79168

NAME		REGISTRATION NUMBER		STATE FOALED
LISSALYNX		1878303		TEXAS

COLOR	SEX	FOALED
SORREL	MARE	APRIL 21, 1982

	AQHA ID NUMBER	CITY	STATE
BREEDER: HARRELL DON AND MARYANA	0756686	BAIRD	TEXAS
OWNER: HARRELL DON AND MARYANA	0756686	BAIRD	TEXAS

		LIGHTNING BAR	37566
	DOC BAR	76136	
		DANDY DOLL	26556
SIRE: DOC'S LYNX	707678		
		POCO TIVIO	17396
	JAMEEN TIVIO	60482	
		JAMEEN	35985
		JEWEL'S LEO BARS	206037
	COLONEL FRECKLES	911585	
		CHRISTY JAY	473601
DAM: FRECKLES DIANE	1548642		
		PUDDEN HEAD	41201
	DOLLY DEANA	288247	
		DARK DOLLY	139727

MARKINGS

BLAZE. LEFT HIND STOCKING. RIGHT HIND PASTERN WITH PARTIAL WHITE. NO OTHER MARKINGS.

Eingetragen in das Rheinische Pferdestammbuch e.V., "Lissalynx" 467830382.

Bonn, 12.12.1988

This is to certify that the above named and described horse has been registered in the Stud Book of The American Quarter Horse Association. This certificate is issued in reliance on a written application submitted and attested by the owner at time of foaling; and upon the express condition that the Association has the privilege to correct and/or cancel this certificate for cause under its rules and regulations.

DATE ISSUED

OCTOBER 4, 1982

EXECUTIVE SECRETARY

TRANSFER RECORD

The last name entered hereunder is the present owner of this horse as shown on the records of The American Quarter Horse Association. To transfer the within described horse, make transfer on a separate transfer form or bill of sale, which will be furnished free by the ASSOCIATION. Send it to the office of the American Quarter Horse Association------along with the registration certificate and the transfer fee. The transfer of ownership will then be made on this certificate and mailed as instructed.

FOR OFFICE USE ONLY — DO NOT WRITE ON THIS CERTIFICATE

Date of Purchase	Name and Address of Owner as Shown by Transfer Record	Attest of Record by Secretary
1,878,303 10/01/87	MCDANIEL JOHN S ID# 1150467 WYNNEWOOD, OKLAHOMA	
1,878,303 10/22/89	OELKE HARDY ID# 0616020 HALVER, GERMANY	

Copyright 1974, AMERICAN QUARTER HORSE ASSOCIATION

Abb.9: AQHA-Originalpapier (Certificate of Registration)

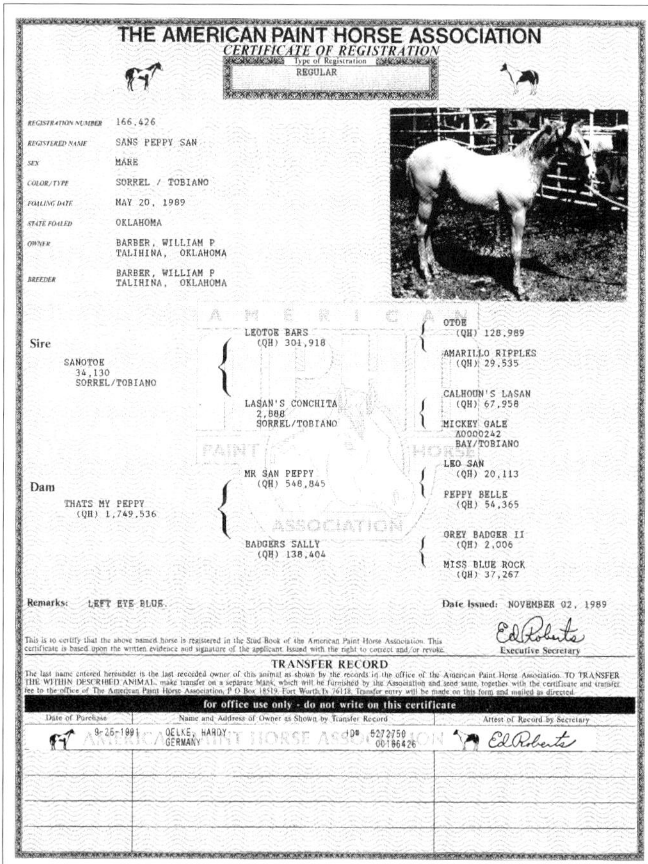

THE AMERICAN PAINT HORSE ASSOCIATION

CERTIFICATE OF REGISTRATION

Type of Registration: REGULAR

REGISTRATION NUMBER	166,426
REGISTERED NAME	SANS PEPPY SAN
SEX	MARE
COLOR/TYPE	SORREL / TOBIANO
FOALING DATE	MAY 20, 1989
STATE FOALED	OKLAHOMA
OWNER	BARBER, WILLIAM P TALIHINA, OKLAHOMA
BREEDER	BARBER, WILLIAM P TALIHINA, OKLAHOMA

Sire: SANOTOE 34,130 SORREL/TOBIANO
- LEOTOE BARS (QH) 301,918
  - OTOE (QH) 128,989
  - AMARILLO RIPPLES (QH) 29,535
- LASAN'S CONCHITA 2,888 SORREL/TOBIANO
  - CALHOUN'S LASAN (QH) 67,958
  - MICKEY GALE A0000242 BAY/TOBIANO

Dam: THATS MY PEPPY (QH) 1,749,536
- MR SAN PEPPY (QH) 548,845
  - LEO SAN (QH) 20,113
  - PEPPY BELLE (QH) 54,365
- BADGERS SALLY (QH) 138,404
  - GREY BADGER II (QH) 2,006
  - MISS BLUE ROCK (QH) 37,267

Remarks: LEFT EYE BLUE.

Date Issued: NOVEMBER 02, 1989

This is to certify that the above named horse is registered in the Stud Book of the American Paint Horse Association. This certificate is based upon the written evidence and signature of the applicant. Issued with the right to correct and/or revoke.

Ed Roberts
Executive Secretary

TRANSFER RECORD

The last name entered hereunder is the last recorded owner of this animal as shown by the records in the office of the American Paint Horse Association. TO TRANSFER THE WITHIN DESCRIBED ANIMAL, make transfer on a separate blank, which will be furnished by the Association and send same, together with the certificate and transfer fee to the office of The American Paint Horse Association, P.O. Box 18519, Fort Worth, Tx 76118. Transfer entry will be made on this form and mailed as directed.

for office use only - do not write on this certificate

Date of Purchase	Name and Address of Owner as Shown by Transfer Record	Attest of Record by Secretary
9-25-1991	OELKE, HARDY GERMANY ID# 5272750 00166426	Ed Roberts

Abb.10: APHA-Originalpapier (Certificate of Registration)

Certificate of Registration (... registräischn) = Eintragungs- oder Registrationspapier bzw. Abstammungsnachweis eines Pferdes. Grundsätzlich alle > Western Horses haben ein solches original Registrationspapier, ausgestellt vom jeweiligen Zuchtverband (> AQHA, > APHA oder > ApHC). Pferde ohne Registrationspapier, d.h. ohne Certificate of Registration eines dieser Verbände, sind keine echten Western Horses

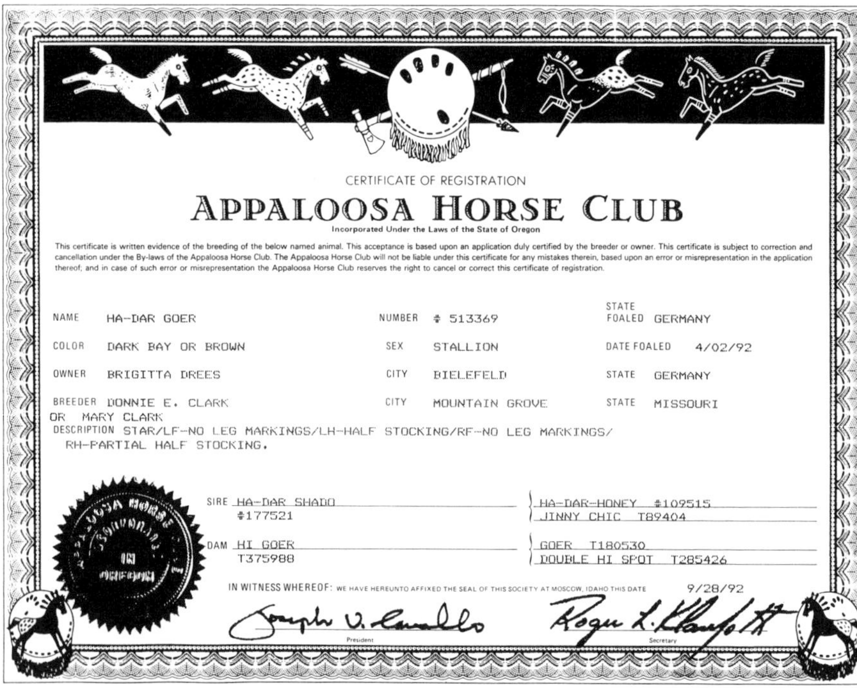
CERTIFICATE OF REGISTRATION

APPALOOSA HORSE CLUB

Incorporated Under the Laws of the State of Oregon

This certificate is written evidence of the breeding of the below named animal. This acceptance is based upon an application duly certified by the breeder or owner. This certificate is subject to correction and cancellation under the By-laws of the Appaloosa Horse Club. The Appaloosa Horse Club will not be liable under this certificate for any mistakes therein, based upon an error or misrepresentation in the application thereof; and in case of such error or misrepresentation the Appaloosa Horse Club reserves the right to cancel or correct this certificate of registration.

NAME HA-DAR GOER — NUMBER # 513369 — STATE FOALED GERMANY

COLOR DARK BAY OR BROWN — SEX STALLION — DATE FOALED 4/02/92

OWNER BRIGITTA DREES — CITY BIELEFELD — STATE GERMANY

BREEDER DONNIE E. CLARK OR MARY CLARK — CITY MOUNTAIN GROVE — STATE MISSOURI

DESCRIPTION STAR/LF-NO LEG MARKINGS/LH-HALF STOCKING/RF-NO LEG MARKINGS/ RH-PARTIAL HALF STOCKING.

SIRE HA-DAR SHADO #177521 — HA-DAR-HONEY #109515 / JINNY CHIC T89404

DAM HI GOER T375988 — GOER T180530 / DOUBLE HI SPOT T285426

IN WITNESS WHEREOF: WE HAVE HEREUNTO AFFIXED THE SEAL OF THIS SOCIETY AT MOSCOW, IDAHO THIS DATE 9/28/92

President — Secretary

Abb.11: ApHC-Originalpapier (Certificate of Registration)

Champion = Sieger; außerdem Titel, der von den > Breed Associations verliehen wird, wenn ein Pferd eine bestimmte Summe an > Points errungen hat. Diese Points müssen in verschiedenene Disziplinen und Disziplin-Kategorien errungen worden sein; die Bestimmungen dazu variieren unter den Breed Associations

Champion Quarter Running Horse = Jährliche Auszeichnung für die besten Quarter-Rennpferde aus den Klassen 2jährige, 3jährige und > aged. Stuten, Hengste und Wallache, die alle in ihrer jeweiligen Geschlechtsdivision Champion-Titel erringen können, werden dazu zusammengefaßt. „Champion Quarter Running Horse" ist also eine höhere Auszeichnung, weil sie alle Geschlechter einschließt

Chaps (schäps) = Lederne Beinschützer oder Überhosen, die gegen Nässe, Kälte, Dornen, Hörner usw. schützen. Es gibt sie in verschiedenen Formen, z.B. als > Batwings, > Shotguns oder > Wooleys

Cheekpiece (tschihkpihß) = Backenstück; Seitenteil des > Bits oder der > Bridle

Chestnut = Dunkelfuchs

Chileno (tschilenjo) = Ein > Spade Bit oder > Half Breed Bit mit einem eisernen Ring, der vom oberen Ende des > Ports ausgeht und um den Unterkiefer des Pferdes läuft, also da, wo sonst der Kinnriemen oder die Kinnkette liegt; typischer > Bit für den kalifornischen > Vaquero

Chin Strap (tschin ßträp) = Kinnriemen oder -kette, > Curb Strap

Chute (schuht) = Ein Käfig, in den ein Rind oder Pferd getrieben werden kann, der ihm keine Bewegungsfreiheit läßt und in dem es z.B. behandelt werden kann; auch oft im Zusammenhang mit einer Verladerampe

Abb.12: Ein in einer Chute stehender Bulle wird verarztet

Cinch (ßinsch) = Bauchgurt; bedeutet außerdem soviel wie ein klarer Fall, eine todsichere Sache

Circuit (ßöhrkit) = Bedeutet soviel wie Kreislinie, Umkreis oder Umlauf; wird im Westernreiten für eine Reihe von zusammenhängenden > Shows angewandt

Class (kläß) = Klasse; kann auf eine Turnierklasse bezogen sein oder darauf, daß ein Pferd Klasse hat

Clinic (klinik) = Bedeutet hier Lehrgang

Close coupled (klous kapld) = Kurzrückig, mit guter Verbindung zur Hinterhand

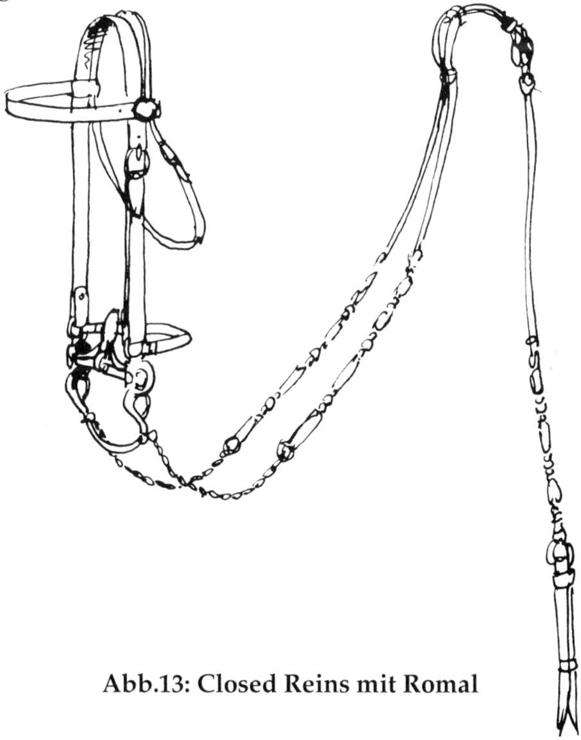

Abb.13: Closed Reins mit Romal

Closed Reins (... räins) = Geschlossene Zügel, im Gegensatz zu > Split Reins. Geschlossene Zügel kalifornischer Art mündeten in einen > Romal

Cold backed (kould bäkd) = Das Pferd neigt zum Bocken, solange es nicht warmgeritten wurde

Cold Blood (Kould blad) = Entspricht nicht etwa unserer Bezeichnung „Kaltblut", sondern bezeichnet ein Pferd unedler bzw. unbekannter Abstammung

Collection (kollekschn) = Versammlung

Colonel Freckles (köhnl frekls) = Herausragender Vererber von > Cow Horses und > Reining-Pferden

Colt = In diesem Zusammenhang ein Junghengst. Nach einer Definition ein Junghengst nach dem Absetzen, aber jünger als 3 Jahre. Umgangssprachlich häufig auch für alles gebraucht, vom Saugfohlen bis zu nicht oder kaum eingerittenen Jungpferden beiden Geschlechts; oft wird deshalb bei Hengstfohlen dazugesagt „Stud Colt", um keinen Zweifel aufkommen zu lassen

Come-a-long (komelong) = Ein > Rope, dessen Schlinge um die Hinterhand eines Pferdes gelegt wird, dem das

Führen beigebracht werden soll. Durch Zupfer oder Rucke am Rope wird das Pferd zum Mitgehen ermuntert

Abb.14: Come-a-long

Competition (kompetischn) = Wettbewerb, Konkurrenz

Concha (konscha) = Runde Teile aus Leder oder Metall, im letzteren Fall gewölbt; konstruktionsbedingt z.B. am > Westernsattel zu finden, aber auch an > Chaps und anderen Ausrüstungsgegenständen. Heute oftmals nur noch Verzierung

Conformation (konfrmäischn) = Gebäude, Exterieur

Connector Strap (connektr ßträp) = Verbindungsriemen zwischen vorderem und hinterem Bauchgurt bei > Westernsätteln mit zwei Bauchgurten

Contest = Wettkampf, Turnier

Copper = Kupfer; wird gern bei Mundstücken von > Bits verarbeitet, weil es den Speichelfluß fördert

Corner Men (kohrnr men) = Zwei Reiter, die beim > Cutting rechts und links der Herde plaziert sind und dem > Cutter helfen, diese zusammenzuhalten und zu formen

Corral (korähl) = Umzäunung, Pferch

Counterbend (kauntrbend) = > Reverse Arc

Cow (kau) = Kuh; wird beim > Cutting auf jedes Stück Rindvieh, gleich welchen Geschlechts oder Alters, angewandt; wird auch oft kurz für > Cow Sense gebraucht

Cow Horse (... hors) = Pferd, das für Rinderarbeit geeignet bzw. ausgebildet ist

Cow Sense (...ßenß) = „Rinderverstand"; geistiges Mitarbeiten des Pferdes bei der Rinderarbeit und Neigung zu dieser Arbeit

Cranky (kränki) = Übelgelaunt, nicht kooperativ

Cremello (krimelo) = Sehr heller Isabelle, nicht ganz so weiß wie der > Albino

Cricket (kricket) = Rolle im Mundstück von > Spade Bits und > Half Breed Bits, die das Pferd spielerisch bewegen kann und die zum Abreagieren etwaiger Nervosität dient. Sie hat typischerweise im Innendurchmesser Zähne, so daß sie beim Drehen ein Geräusch abgibt, das nicht unähnlich dem Zirpen einer Grille (Cricket) ist, daher der Name

Crop-out = Paint Horse mit zwei Quarter Horse-Eltern

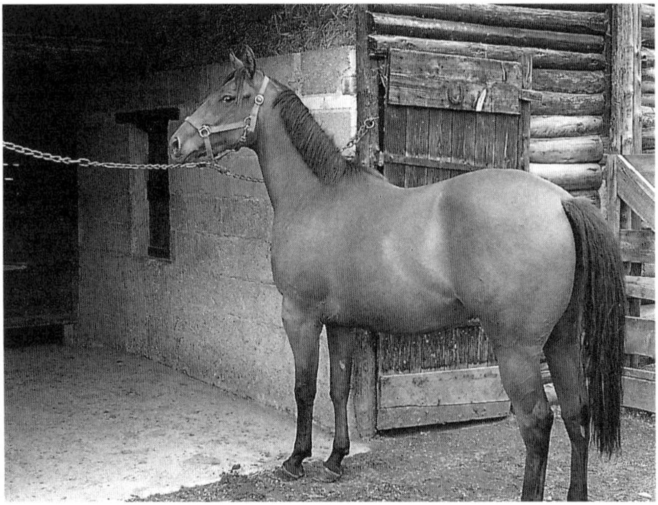

Abb.15: Cross Tying

Cross Tying (kroß taiing) = Anbinden des Pferdes rechts und links in Kopfhöhe

Curb Action (körb äikschn) = Hebelwirkung durch Hebel und Kinnkette bzw. Kinnriemen eines > Bits

Curb Bit = > Bit mit > Curb Action

Curb Chain (... tschäin) = Kinnkette

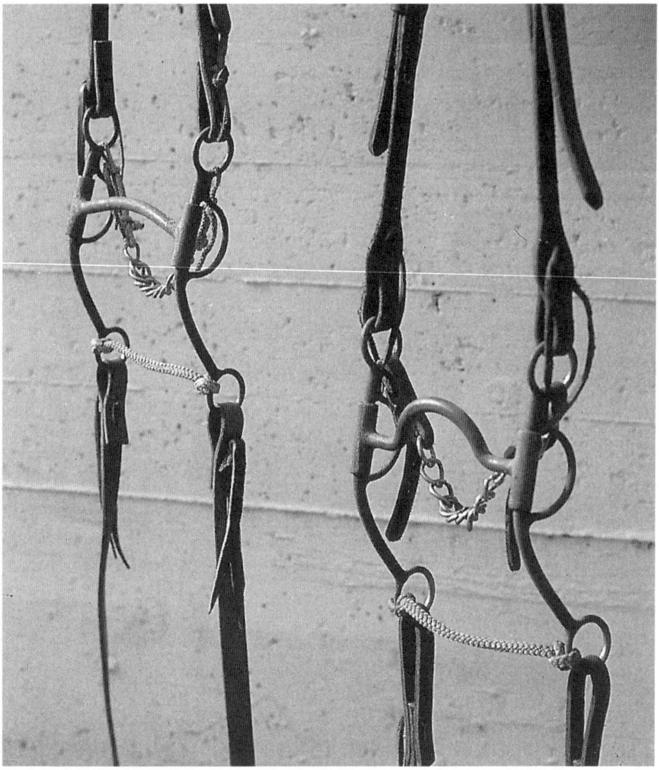

Abb.16: Curb Bits

Abb.17: Cutting

Curb Strap (... ßträp) = Kinnriemen

Cut (kat) = Schnitt; hier: das „Herausschneiden“ eines Rindes aus der Herde. Auch das ausgesonderte Rind, das gearbeitet wird, wird als Cut bezeichnet

Cutter = Reiter und Pferd, die ein Rind aus der Herde absondern; Teilnehmer bei der Disziplin > Cutting

Cutting (katting) = Aussondern eines Rindes aus dem Herdenverband, bei dem das Pferd selbständig arbeitet; beim turniermäßigen Cutting darf der Reiter dem Pferd keine Hilfen geben

D

D-Ring (di ring) = D-förmiger Ring, wie er z.B. bei der Takelung des > Westernsattels (> Rigging) Verwendung findet, aber in kleinerer Form auch vorn, zur Befestigung eines > Breast Collars

D-Ring Snaffle (...snäfl) = > Snaffle Bit mit D-förmigen Ringen; am geraden Stück des D-Ringes ist die gelenkförmige Verbindung mit dem Mundstück

Dally Roping (dälli...) = Art des > Ropings, bei der das Rope nicht fest ans Sattelhorn geknotet ist, sondern nur darum gewickelt wird

Dam (däm) = Mutter eines Pferdes

2. Dam (ßeckend...) = Großmutter mütterlicherseits eines Pferdes

Deep Cut (dihp kat) = Das Tief-in-die-Herde-Hineinreiten beim > Cutting, bevor ein Rind ausgesondert wird, wie es wenigstens einmal von jedem Reiter beim Cutting vollzogen werden muß

Degree of Difficulty = Schwierigkeitsgrad. Eine Bezeichnung, die meistens im Reining gebraucht wird; wenn mit viel Tempo geritten wird, ist der Degree of Difficulty höher, was höher bewertet wird, als ein sonst gleichwertiger, aber langsamerer und vorsichtigerer Ritt

Deutsche Quarter Horse Association = Der von der > AQHA anerkannte Verband für Deutschland

Direct Rein (direkt oder dairekt räin) = Der Zügel auf der Seite, zu der hin das Pferd gelenkt werden soll; Einwirken über den Zügel auf der Seite, zu der hin das Pferd gelenkt werden soll, im Gegensatz zum > Neck Reining

Disposition (disposischn) = Veranlagung, Neigung, Bereitschaft, Wesen, Gemütsart; Interieur; ein Pferd hat eine gute Disposition, wenn es leistungsbereit und lernwillig, nicht ängstlich und nicht eigensinnig ist; > Mind

Doc Bar = > Foundation Sire von > Cow Horses und > Reining-Pferden

Don Dodge Snaffle (don dodsch snäfl) = > Snaffle Bit, ähnlich einem > D-Ring Snaffle, mit speziellen seitlichen Gelenken

Doppellonge = Zwei Longierleinen, die seitlich durch Ösen oder die Steigbügel laufen; das Longieren mit der Doppellonge hat Vorteile gegenüber der einfachen Longe, da Wendungen vom Trainer weg ausgeführt werden können und Schulter- und Hinterhandkontrolle gegeben sind

Double (dabl) = Ruck an einem Zügel, durch den das Pferd scharf herumgenommen wird (möglichst gegen einen Zaun)

Abb.18: Doubling Outfit

Doubling Outfit (dabling autfit) = Lederne Schoner um die Maulpartie des Pferdes herum, die das Durchziehen des Gebisses und Wundscheuern durch das Gebiß bei einseitiger starker Zügeleinwirkung verhindern und die außerdem so verschnallt werden können, daß das Gebiß weniger auf den Unterkiefer drückt

Double Rig(ging) = Doppelte Gurtung beim Westernsattel, wie sie für den Texassattel typisch ist

DQHA = > Deutsche Quarter Horse Association

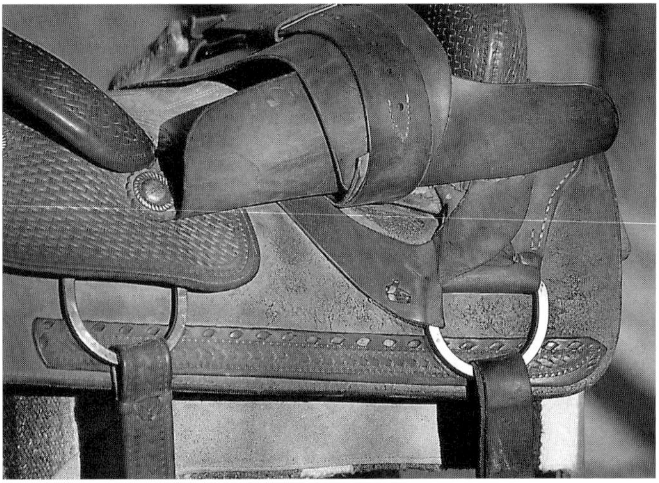

Abb.19: Double Rigging

Drag (dräg) = Schleppe; Teil der > Trail-Prüfung, bei dem vom Sattel aus etwas mitgeschleppt bzw. -geschleift werden muß

Draw Reins (dro räins) = Schlaufzügel; werden beim Westernreiten meistens seitlich und nicht zwischen den Vorderbeinen befestigt. Gehören nur in die Hand eines sehr erfahrenen Trainers

Dry Work (drai uörk) = „Trockenübung"; erster Teil der aus zwei Teilen bestehenden Disziplin > Reined Cow Horse oder > Working Cowhorse, der praktisch eine > Reining ist

Dun = Falbe mit Aalstrich und häufig auch Zebrastreifen an den Beinen und Schulterstrich. Handelt es sich um einen Fuchs- oder Rotfalben, spricht man von einem Red Dun. Vergleiche > Buckskin

Dwell (duel) = Verharren

E

Earned (örnt) = Verdient

Earnings (örnings) = In der Regel auf die Gesamtsumme bezogen, die ein Pferd gewonnen (verdient) hat

Egg Butt Snaffle (eg bat snäfl) = > Snaffle Bit mit eiförmigen Gelenken zwischen Ringen und Mundstück, in Deutschland als Olivenkopftrense bekannt

English (inglisch) = Englisch; als English Style bezeichnet der Amerikaner die in Deutschland und anderen europäischen Ländern traditionelle Reiterei und das dementsprechende > Equipment; English Horse = ein Pferd, das für > English Classes geeignet ist bzw. eingesetzt wird

English Class (... klähs) = Turnierklasse, in der mit „englischem" > Equipment geritten wird, d.h. mit solchem, wie es in der traditionellen deutschen und englischen Reiterei üblich ist

Entry = Starter, Teilnehmer

Equipment = Ausrüstung

Equitation (ekuitäischn) = Eine Jugendklasse, bei der gutes > Horsemanship beim Reiten bewertet wird

Erste Westernreiter Union Deutschlands = Deutscher Dachverband für das Westernreiten, hervorgegangen aus der (nicht mehr existenten) Europäischen Westernpferde- und Westernreiter-Union. Fördert das Westernreiten unabhängig von der Pferderasse, eigenes Regelwerk, eigene Richter, z.T. eigene Disziplinen. Veranstaltet alle zwei Jahre die offenen Deutschen Meisterschaften im Westernreiten, genannt German Open

Abb.20: EWU Signet

Event (ivent) = Ereignis, Veranstaltung, sportliche Disziplin

EWU = > Erste Westernreiter Union Deutschlands

Exhibitor = Aussteller

Exhibitor's Group = Eine > Halter-Klasse, bei der ein Aussteller vier in seinem Besitz befindliche Pferde, gleich welchen Alters und Geschlechts, vorstellt

Extended = Ausgedehnt, verlängert; kommt beim > Western Pleasure zum Tragen, wo z.B. das Kommando „Extended Trot“ gegeben werden kann, wodurch ein schnellerer, weiter ausgreifender Trab gefordert wird, im Gegensatz zum > Jog

Abb.21: Fahren vom Boden aus

F

Fahren = Bezeichnet hier das sog. Fahren vom Boden aus, bei dem das Pferd durch zwei lange Leinen gelenkt wird und so die Zügelhilfen kennenlernt, als Vorbereitung zum Gerittenwerden

Fancy (fänßi) = Besonders gut, kunstvoll, ausgefallen, verziert

Farbgarantie = Hengsthalter von > Paint- oder Appaloosa-Hengsten geben u.U. eine sogenannte Farbgarantie. Farbe kann nicht wirklich garantiert werden, sondern die Garantieleistung beschränkt sich auf Leistungen, die zu erbringen der Hengsthalter sich verpflichtet, falls das Fohlen einfarbig werden sollte. Diese Leistungen sind individuell unterschiedlich und können einen Freisprung im Folgejahr beinhalten oder eine kostenermäßigte Bedeckung

Farm = Englisch/amerikanische Bezeichnung für einen landwirtschaftlichen Betrieb

Fault (foht) = Fehler

Fee (fih) = Gebühr

Fence (fenz) = Zaun

Fence Work = Teil der > Reined Cow Horse- Prüfung

Fender = Lederplatte am Steigbügelriemen, die das Reiterbein vor dem Pferdeschweiß schützt

Abb.22: Hackamore mit Fiadore

Fiadore (fiador) = Seil oder Riemen der > Hackamore, die den > Heel Knot in Position hält und ein Über-das-Maul-Rutschen des > Bosals verhindert

Figure Eight (figjer äit) = Bahnfigur: Acht; zwei Galoppzirkel in Form einer Acht, die sich im Zentrum der Bahn berühren

Abb.23: Das Fencing beim Reined Cow Horse

Filly = Junge Stute im Alter zwischen Absetzer und 3jährig; oft umgangssprachlich generell für Stutfohlen und Jungstuten gebraucht

Flexing = Nachgeben, Biegen

Floral stamping (florel ßtämping) = Einpunziertes Blumen- oder Pflanzenmuster

Floral carving (...karwing) = Blumen- oder Pflanzenmuster

Flying Lead Change (flaing lihd tschäindsch) = Fliegender Galoppwechsel; das Pferd wechselt von einem > Lead oder Galopp in den anderen, ohne aus dem Galopp zu fallen

Foal (foul) = Fohlen

Forearm (forarm) = Unterarm bzw. Unterarmmuskel des Pferdes

Forehead (forhäd) = Stirn

Forelock = Schopf

Fork = Vorderer Aufbau des > Westernsattels

Foundation (faundäischn) = Grundlage, Fundament

Foundation Sire (... ßair) = Ein Hengst, der zum Fundament einer Rasse oder einer Zuchtrichtung gehört, dasselbe trifft auf eine „Foundation Mare“ (-Stute) zu

Four Reins (for räins) = Beim Übergang vom > Snaffle oder von der > Hackamore zum > Curb Bit entspricht es der alten kalifornischen Ausbildungsmethode, das Pferd mit Kandare und darunterliegend Snaffle oder Hackamore zu reiten, also mit vier Zügeln

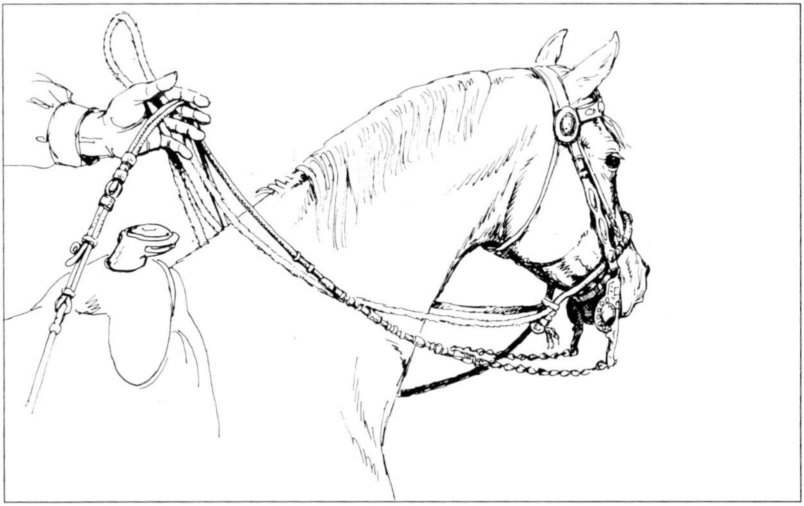

Abb.24: Zügelhaltung mit vier Zügeln

Freestyle Reining (frihstail...) = Reining-Kür, in der Regel mit Musikbegleitung und Kostüm, auf ein bestimmtes Thema abgestimmt

Futurity (fjutschuhriti) = Von Future (Zukunft); altersgebundener Wettbewerb für Jungpferde, meistens mit attraktivem Preisgeld ausgestattet

Fox Trotter = > Missouri Fox Trotter

G

Gag Bit (gäg bit) = Aufziehtrense

Gallop (gällep) = Galopp

Gaskin (gäskin) = „Waden"-Muskel des Pferdes, der Muskel direkt über dem Sprunggelenk; er soll innen wie außen ausgeprägt sein

Gate (gäit) = Tor; Hindernis beim > Trail

Abb.25: Das Tor (Gate) in der Trail-Prüfung

Gaited (gäited) = Auf die Gänge bezogen. Ein Pferd kann z.B. smooth gaited sein, d.h. weiche Gänge haben. Ein

Pferd nur als „gaited“ zu bezeichnen, bedeutet, daß es als Gangartenpferd zu bezeichnen ist, also daß es Paß oder eine Töltvariante oder beides geht

Gear (gihr) = In diesem Zusammenhang: Cowboywort für Ausrüstung, > Equipment, Gerät

Gelding = Wallach

Gentle (dschentl) = Freundlich, sanft, zahm, fromm, brav

German Open (dschörmen oupn) = Deutsche Meisterschaften im Westernreiten, veranstaltet von der > EWU

Get = Nachzucht eines Hengstes

Get of Sire = Nachzucht eines Hengstes. Gehört zu den > Group > Halter-Klassen; bis zu drei Söhne oder Töchter eines Hengstes können geshowt werden

Gimmick = Tricks und Hilfsmittel, welche die Ausbildung verkürzen sollen (in der Regel bringen sie, wenn überhaupt, nur kurzfristig einen Effekt; ersetzen keine solide Ausbildung)

Give and take (giw änd täik) = Dasselbe wie > pull and slack

Goat Tying (gout taiing) = > Roping von Ziegen, eine Jugendklasse

Go Man Go = Herausragender Vererber von > Quarter Mile-Rennpferden

Go-round = Vorlauf, Vorausscheidung

Grade Horse (gräid ...) = Kreuzungspferd, Pferd ohne belegte Abstammung

Grand Champion (gränd dschämpjen) = Das beste Halter-Pferd einer Show in den jeweiligen Geschlechtsdivisionen

Granddam = Großmutter eines Pferdes

Grandsire = Großvater eines Pferdes

Gray (gräi) = > Grey

Grazer Bit (gräisr...) = Kandare mit einfacher Gebißstange und Hebelarmen, die kurz genug sind, daß ein Pferd damit grasen kann

Great-Granddam (gräit grändäm) = Urgroßmutter eines Pferdes

Great-Grandsire = Urgroßvater eines Pferdes

Great Pine (...pain) = Herausragender Vererber von > Reining-Pferden

Green Broke (grihn brouk) = Angeritten

Grey = Schimmel; alle Schimmel werden im Englischen als Grey (Grau) bezeichnet, ob sie nun noch fast dunkel (Jungpferde) oder rein weiß sind (in der Regel ältere Schimmel)

Ground Tying (graund taiing) = Das Pferd bleibt mit zum Boden fallenden Zügeln am Fleck stehen; kann Teil der Disziplin > Trail sein

Group (gruhp) = Gruppe; Group > Halter-Klassen: solche, in denen mehrere Tiere unterschiedlichen Geschlechts und Alters geshowt werden können

Grulla/Grullo (gruja/grujo) = Schwarz- oder Graufalben

Gullet (galit) = Kammer des > Westernsattels unter der > Fork, muß ausreichend hoch sein, um genug Widerristfreiheit zu bieten

H

Abb.26: Hackamore

Hackamore (häckemor) = Gebißloser Trainingszaum (von spanisch jaquima), bestehend aus einem Nasenband aus Rohhaut, Leder oder Strick, und den Zügeln, bei der kalifornischen Hackamore der > Mecate

Hair Rope (här roup) = > Mecate

Half Breed (häf brihd) = Halbblut; bezeichnet im Zusammenhang Westernreiten einen > Bit, ein Mittelding zwischen > Spade Bit und > Grazer Bit

Abb.27: Half Breed Bit

Halter = Halfter; auch: Halter-Klasse (Klasse, in der Pferde an der Hand, am Halfter, vorgestellt und beurteilt werden)

Hand (händ) = Hand; bezeichnet einmal einen Arbeiter (Ranchhand; „he is a good hand“ = er ist eine fähige Kraft), aber auch eine Maßeinheit für Pferde (1 Hand = 4 Zoll)

Handle (händl) = Manövrierfähigkeit eines Pferdes unter dem Reiter

Handling (händling) = Bezeichnet den Umgang mit dem Pferd; wenn ein Pferd ein gutes Handling hat, heißt das auch, daß es gut an den Hilfen steht, also gut ausgebildet ist

Hard-and-fast Roping = Roping, bei dem das > Rope fest am Sattelhorn verknotet ist, bei dem also der Ruck des Aufpralls voll von Sattel, Pferd und Rind ausgehalten werden

Harness Leather (hahneß läthr) = Geschirrleder

Hat (hät) = Hut; das Tragen eines Cowboyhutes ist auf Westernturnieren Pflicht

Heading and Heeling (häding änd hihling) = > Team Roping

Headstall (hädßtal) = Kopfstück (des Zaumzeuges)

Heel Knot (hihl not) = Dicker Endknoten des > Bosals

Hesitate (hesitäit) = Verharren

High Point (hai...) = Höchstpunktzahl; als „High Point Horse“ wird ein Pferd vom Zuchtverband ausgezeichnet, das in einem bestimmten Jahr in einer Disziplin die meisten > Points errungen hat. High Point-Titel werden auch von Landesverbänden vergeben

Hindquarters (haindkuortrs) = Hinterhand

Hip = Hüfte; Kruppe; soll bei Westernpferden möglichst lang und schräg sein

Hobbles (hobls) = Fußfesseln aus Strick, Leder, > Rawhide oder Sackleinen zur Immobilisierung von Pferden

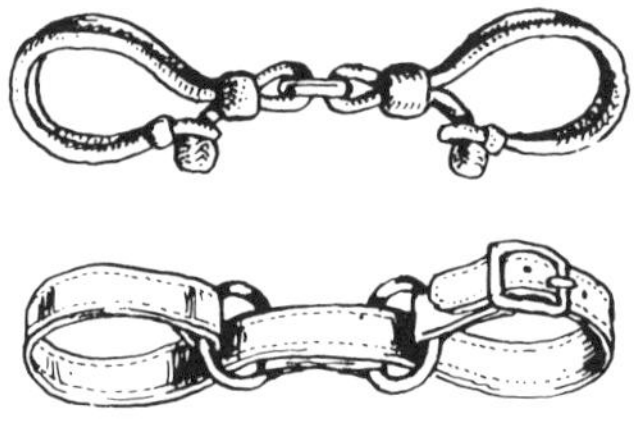

Abb.28: Hobbles

Hock, Hocks = Sprunggelenk(e)

Abb.29: Team Roping (Heading and Heeling)

Hollywood Jac 86 (haliuud dschäk äitißix) = Herausragender Vererber von > Reining-Pferden

Honda = Öse des > Ropes, durch die das Seil läuft und so eine Schlinge bildet

Honor Roll (onor roul) = Ehrenliste; der Titel „Honor Roll Horse" wird gewöhnlich dem Pferd verliehen, das in einem Jahr in einer bestimmten Disziplin die meisten > Points errungen hat. Dabei wird auch nach Geschlechtern und nach > Open und > Amateur unterschieden. Ein Honor Roll Stallion z.B. ist lediglich der in der Honor Roll höchstplazierte Hengst, es können eine ganze Reihe von erfolgreicheren Stuten und Wallachen vor ihm liegen

Hoof (huf) = Huf

Horse (hors) = Pferd; in bestimmten Zusammenhängen bezeichnet das Wort nicht ein Pferd generell, sondern ein männliches Pferd, also einen Hengst. Bei Ehrentiteln schließt es in der Regel alle Geschlechter ein. Ein > World Champion Horse z.B. ist der Weltmeister schlechthin, nicht nur die weltbeste Stute, der weltbeste Hengst oder Wallach

Horse Hair (...här) = Pferdehaar

Horseman (horsmen) = Pferdemann; eine Person mit umfassenden Kenntnissen und Erfahrung rund ums Pferd

Horsemanship = Pferdegerechter Umgang mit Pferden; vorbildliches Reiten

Horseshoe = Hufeisen

Hot Quit (...kuitt) = (Quit bedeutet aufhören) Der Reiter darf beim > Cutting nur dann die Arbeit an einem Rind beenden, wenn dieses ruhig dasteht oder ihm das Hinterteil zudreht, sonst gilt es als „Hot Quit" und bedingt Strafpunkte

HYPP = Kurzform für Hypercalemic Periodic Paralysis; Erbkrankheit, die bis dato nur bei > Impressive-gezogenen Pferden gefunden wurde

Abb.30: Legal Bits (oben), illegal Bits (unten)

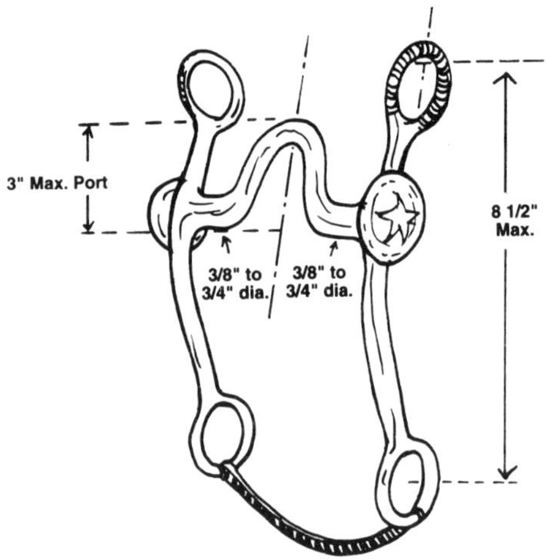

LEGAL BIT

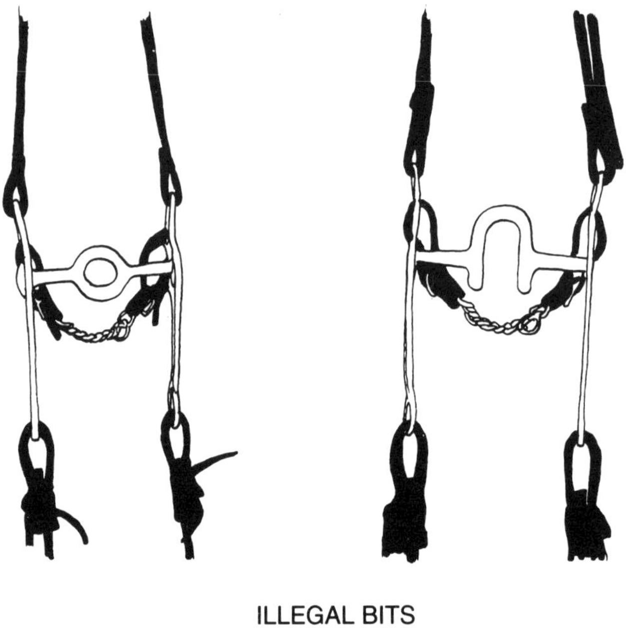

ILLEGAL BITS

Illegal (ilihgl) = Illegal, nicht zugelassen. Es gibt > legale und illegale Ausrüstungsgegenstände und Drogen (Medikamente) beim Westernreiten. So sind z.B. Sperrhalfter in allen Disziplinen verboten, > Martingales in allen außer den Renndisziplinen, Draht als Kinn-„Riemen" ist verboten, und > Bosals dürfen keinerlei Metall enthalten. Wer mit einem illegalen Ausrüstungsgegenstand showt oder ein Pferd showt, das mit einer illegalen Droge behandelt wurde, wird disqualifiziert und ggf. auch bestraft

Impressive (impreßiv) = Herausragender Vererber von > Halter-Pferden

Inbreeding (inbrihding) = Inzucht

Indian Pony (...pouni) = Indianerpferd; in der Regel ein direkter > Mustang-Abkömmling

Indirect Rein = Indirekter Zügel, > Neck Rein

Industry = In Amerika spricht man von der Pferdeindustrie (horse industry), wenn der gesamte Pferdemarkt gemeint ist

Inskirt Rigging (inskört...) = > Rigging

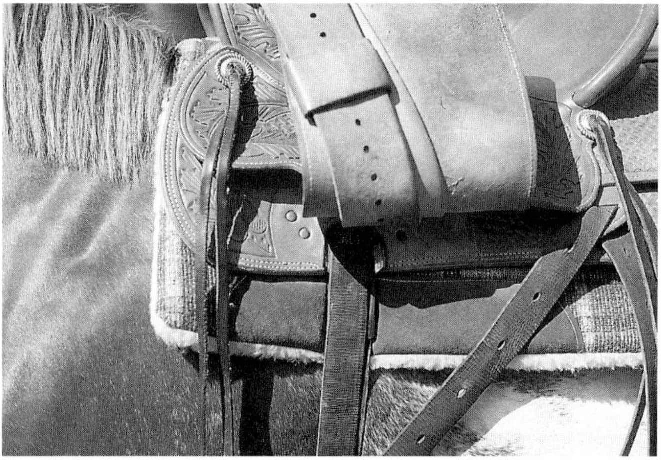

Abb.31: Inskirt Rigging

IRC = International Reining Horse Council; Verband zur Förderung des > Reining auf internationaler Ebene

J

Jaw (dscho) = Kinnbacke des Pferdes, Ganasche; typisch für Quarter Horses des alten Typs sind enorm ausgeprägte Jaws

Jaquima (hakima) = > Hackamore

Jockey (dschoki) = Rennreiter; Lederplatten am > Westernsattel, vor der > Fork „Front Jockeys", seitlich des Sitzes „Side Jockeys" und hinter dem > Cantle „Back Jockeys" oder „Rear Jockeys" genannt. Außerdem bezeichnet es das Taktieren und Rangeln für die beste Startposition beim früheren > Quarter Mile Racing

Joe Cody (dschou koudi) = Herausragender Vererber von > Reining-Pferden

Jog (dschog) = Langsamer Trab, wie er z.B. in der > Western Pleasure verlangt wird

Joker B (dschoukr bi) = > Foundation Sire von > Appaloosa-Pferden

Judge (dschadsch) = Richter

Junior (dschuhnier) = Junior-Pferde sind solche bis zu vier Jahren; Junior-Klassen sind für drei- und vierjährige Pferde; Junior-Pferde können mit zwei Händen mit > Snaffle Bit oder > Hackamore geshowt werden, solange sie noch nicht mit > Bit geshowt wurden. Die amerikanischen Rasseverbände haben Unterverbände für Jugendliche, die den Zusatz „Junior" im Namen führen (z.B. American Junior Quarter Horse Association) - hier bezieht sich das „Junior" also auf das Alter des Reiters oder Vorstellers

K

Keeper (kihpr) = > Strap Keeper

Knee (nih) = Knie; als Knee wird das Vorderfußwurzel- oder Carpalgelenk bezeichnet

Knot (not) = Knoten

King = > Foundation Sire von > Quarter Horses

Abb.32: King P 234

L

Lariat (lärriät) = Wurfseil des > Vaqueros, oft aus Rawhide

Latigo (läitigo) = Lederart, besonders geschmeidiges, sich leicht fettig anfühlendes Leder; Riemen aus Latigo-Leder, mit dem der > Cinch angezogen wird

Lead (liht) = Führung, Leitung; Führstrick; Lead-Line = Führstrick, Lead-Line-Klasse = Reitklasse für kleine Kinder, die das Pferd dabei nicht selbst lenken, sondern es wird von einem Erwachsenen geführt; „Lead" bezeichnet auch einen bestimmten Galopp - das Pferd ist im linken Lead, wenn es im Linksgalopp geht, und umgekehrt

Lead Change (...tschänsch) = Galoppwechsel; Flying Lead Change = fliegender Galoppwechsel

Leading = Führend; das muß nicht unbedingt so verstanden werden, daß es sich auf den Erstplazierten bezieht, sondern häufig so, daß es „zur Spitzengruppe gehörig" bedeutet. „Leading > Sires" z.B. sind die in einem Jahr auf einem bestimmten Gebiet erfolgreichsten Hengste bzw. Vererber, „Leading > Dams“ die führenden, also bestproduzierenden Stuten.

Ein Zuchtverband mag 10 oder 20 „Leading Sires“ z.B. von > „ROM > Qualifiers“ auflisten, von denen natürlich einer an erster Stelle liegt, die aber alle zusammen die Gruppe der in Bezug auf ROM-Nachkommen führenden Vererber bilden.

Dabei muß noch wieder beachtet bzw. unterschieden werden, wieviele ROM-Pferde ein Hengst unter seinen Nachkommen hat und wieviele ROMs diese errungen haben. Der eine Hengst mag mit 15 ROM-Pferden auf der einen Liste an erster Stelle liegen, die zusammen beispielsweise 18 ROMs errungen haben. Ein anderer hat „nur“ 9 ROM-Pferde unter seinen Nachkommen, kann aber in der anderen Liste führen, weil diese 9 insgesamt 22 ROMs errungen haben

Lead Rope = Führstrick

Lebendfohlengarantie = Ein lebendes Fohlen kann ein Hengsthalter natürlich nicht wirklich garantieren, sondern Hengsthalter, die mit einer Lebendfohlengarantie werben, garantieren bestimmte, individuell unterschiedliche Leistungen, für den Fall, daß aus einer Bedeckung kein lebendes Fohlen resultiert. Der Tatbestand eines lebenden Fohlens ist dann erfüllt, wenn das Fohlen gestanden und gesaugt hat

Legal (lihgel) = Legal; es gibt legale und illegale Ausrüstungsgegenstände und Zügelhaltungen beim turniermäßigen Westernreiten. Es darf bei einhändiger Zügelführung nicht mehr als ein Finger zwischen den Zügeln gehalten werden.

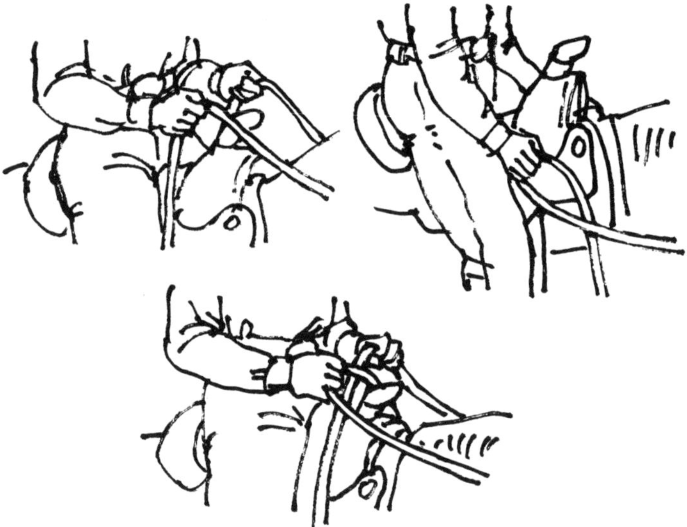

Abb.33: Illegale beidhändige Zügelhaltung

Abb.34: Legale einhändige Zügelhaltungen

In der Definierung von legalen > Bits sind die Verbände nicht immer einheitlich. So schreibt die > AQHA für einen > Snaffle Bit vor, daß die Ringe im Durchmesser nicht größer als 4 Zoll (ca. 10 cm) sein dürfen; die > APHA schreibt ebenfalls einen Außendurchmesser von 4 Zoll für die Ringe vor, aber außerdem noch, daß sie nicht kleiner als 2 Zoll (ca. 5 cm) sein dürfen. Beide Verbände schreiben einen Mindestdurchmesser von 5/16 Zoll für das Mundstück vor, gemessen in 1 Zoll Abstand zum Ring, und das Mundstück soll rund und glatt und aus

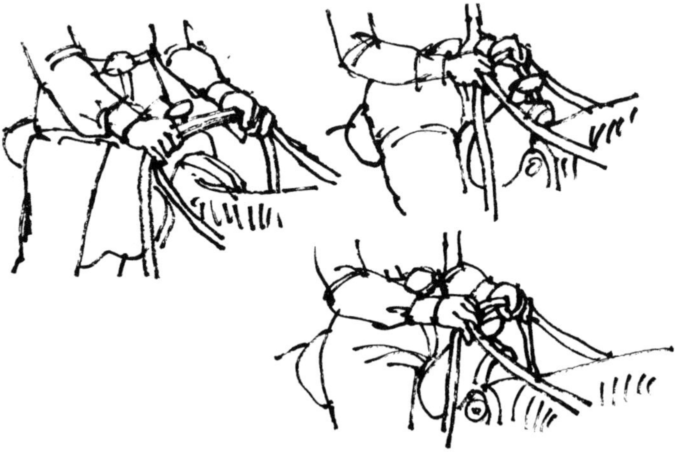

Abb.35: Legale beidhändige Zügelhaltung

Metall sein und sich allmählich zur Mitte hin verjüngen. Außerdem gibt es noch besondere Bestimmungen für Snaffles mit dreiteiligen Mundstücken.

> Curb Bits sind bei AQHA und APHA dann legal, wenn die Seitenteile insgesamt nicht länger als 8 1/2 Zoll sind und die Höhe des > Ports nicht mehr als 3 1/2 Zoll beträgt. Die Mundstücke bei Curb Bits dürfen bei der AQHA nicht dünner als 3/8 Zoll und nicht dicker als 3/4

Zoll im Durchmesser sein, bei der APHA müssen sie zwischen 5/16 und 3/4 Zoll liegen

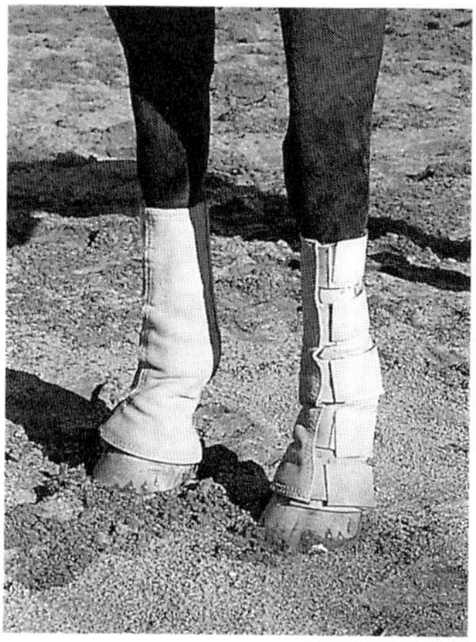

Abb.36: Leg Boots (hier Combination: Boots Bell Boots und Skin Boots in einem)

Leg Boots (...buhts) = Schutzgamaschen für die Pferdebeine, z.B. Skid Boots, die die hinteren Fesselköpfe beim > Sliding Stop schützen, Shin Boots oder Splint Boots, die die Röhren schützen, Bell Boots, welche den Kronensaum schützen

Leggins = > Shotgun > Chaps

Leg Yield (...jihld) = Das Dem-Schenkel-Weichen

Abb.37: Leopard

Leo (lio) = > Foundation Sire von > Quarter Horses

Leopard (leppard) = Leopard; Fellzeichnungsmuster bei Appaloosas. Ein Pferd mit weißer oder nahezu weißer Grundfarbe, auf der sich relativ kleine dunkle Flecken abheben

Lethal White (lithel uait) = Bedeutet soviel wie „tödliches weiß" - Scheckfohlen, die keine oder fast keine pigmentierten Hautstellen haben, sind aufgrund gleichzeitig auftretender Darm- und Gehirnabnormalitäten nicht lebensfähig. Solche Lethal White-Fohlen treten nicht nur bei > Overo x Overo-Anpaarungen auf, sondern auch bei Anpaarungen mit einfarbigen Pferden und mit > Tobianos

Leverage (lewridsch) = Hebelwirkung, Hebelkraft; bezieht sich hier vor allem auf die Hebelaktion der Anzüge von > Bits, wobei zu beachten ist, daß sich die Stärke der Hebelkraft nicht einfach aus der Länge der Hebelanzüge des Bits ergibt, sondern aus dem Verhältnis der Länge der Anzüge zu der Länge des Sei-

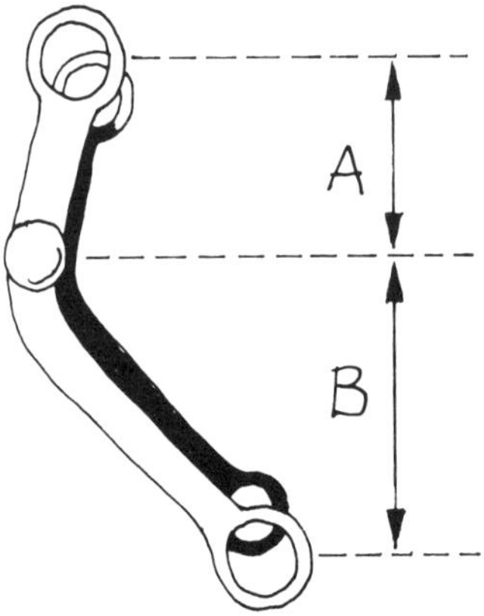

Abb.38: Leverage - die Hebelwirkung eines Curb Bits ergibt sich aus dem Verhältnis der Längen über dem Mundstück (A) und unter dem Mundstück (B)

tenteils oberhalb des als Drehpunkt fungierenden Mundstücks

Lifetime (laiftaim) = Lebenszeit; in der Liste der „Lifetime > Leading Sires“ z.B. werden nicht die führenden Vererber eines bestimmten Jahres ausgewiesen, sondern die, welche in ihrer gesamten Lebensleistung führen

Limited = Begrenzt; bezieht sich häufig auf die Gesamtsumme der gewonnenen Preisgelder. In einem „Limited Open“-Wettbewerb dürfen beispielsweise nur Reiter starten, deren Gesamtgewinnsumme einen bestimmten Betrag nicht übersteigt

Line Up (lain ap) = Kommando in der > Western Pleasure-Prüfung zum Aufstellen aller Reiter nebeneinander in der Arenamitte

Little Peppy (littel peppi) = Spitzname für > Peppy San Badger

Loose Rein (luhs räin) = Lockerer Zügel

Low loose Rein = Mit tiefer, seitlicher Zügelhand gegebene Zügelhilfe am sonst durchhängenden Zügel

Lope (loup) = Langsamer Arbeitsgalopp

Abb.39: Low loose rein

Lope Over = Hindernis, über das im Lope geritten werden muß (meistens am Boden liegende Stangen), Teil der > Trail-Prüfung

M

Mane (mäin) = Mähne

Mare (mär) = Stute

Marker (markr) = Markierungen, die kennzeichnen, an welchen bestimmten Stellen in der Bahn ein bestimmtes Manöver geritten werden muß und die bei Prüfungsritten als Orientierungshilfen für den Reiter und für den Richter dienen

Markings = Abzeichen, z.B. weiße Abzeichen von Pferden

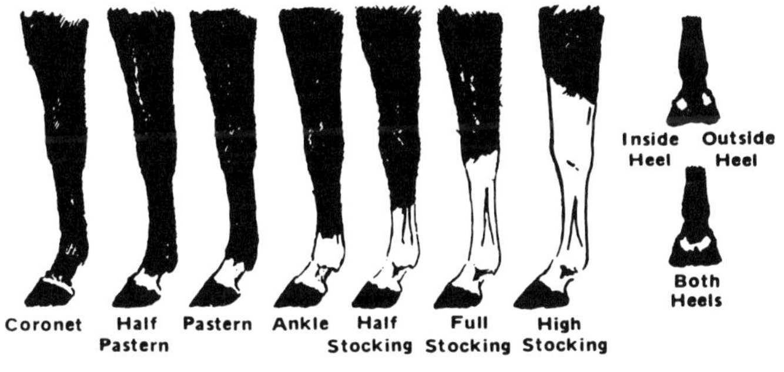

Abb.40: Abzeichen bei Pferden

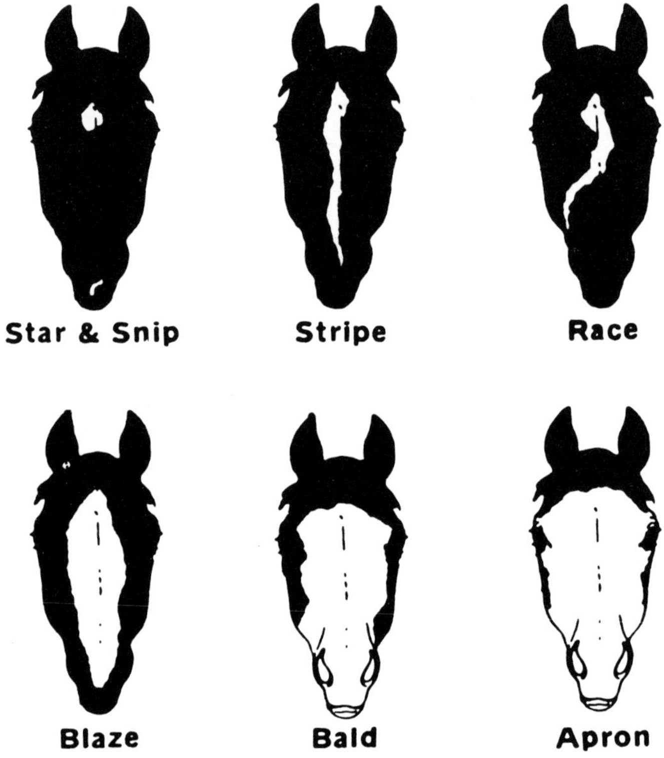

Abb.41: Abzeichen bei Pferden

Martingale (martngäil) = Hilfszügel, die eine zu hohe Kopfhaltung des Pferdes verhindern sollen, man unterscheidet das Standing Martingale oder Tie Down, ein feststehender begrenzender Zügel (Stoßzügel), und das Running Martingale, bei dem die Zügel durch zwei Ringe des Martingales laufen

Abb.42: Running Martingale

Maturity (metschuhriti) =Altersgebundener Wettbewerb nach den Prinzipien der > Futurity, aber für ältere Pferde

Mecate (mekate) = Aus Pferdehaar - möglichst Mähnenhaar - geflochtenes Seil, aus demdie Zügelschlaufe unddas Führseil der > Hackamore geknotet werden

Mechanical Hackamore (mekänikl häckemor) = Mechanische Hackamore, gebißloser Zaum; ihre Wirkungsweise geht über Kinnkette und Hebelarme, sie trägt darum irreführender Weise den Namen Hackamore und sollte besser als gebißlose Kandare bezeichnet werden. Die Mechanical Hackamore ist in den meisten Turnierklassen unzulässig, kann aber in Renndisziplinen und im > Roping benutzt werden

Medaillon = Medaille; eine Auszeichnung des Appaloosa

Horse Clubs für > Halter- und > Performance-Leistungen, die in Bronze, Silber und Gold verliehen wird

Member = Mitglied

Midwest Style = Entspricht in etwa dem > Texas Style

Mind (maind) = Sinn, Seele, Verstand, Geist; das wichtigste bei einem Pferd ist, daß es ein gutes Mind hat, das bedeutet, daß es arbeits- und lernwillig ist, daß es versucht, die Dinge richtig zu machen und nicht widerspenstig oder eigensinnig ist

Mohair (mouhähr) = Angorahaar; die Bauchgurte für den > Westernsattel sind meistens aus Mohair, bei billigen auch aus Baumwolle (> Cinch)

Missouri Fox Trotter (misuhri...) = Amerikanische Pferderasse, die sich durch eine besondere Gangart, den sogenannten Fox Trot, auszeichnet, der eine Töltvariante ist. Obwohl z.T. auch für Rancharbeit eingesetzt, ist es doch kein > Western Horse im eigentlichen Sinn

Morgan = Amerikanische Pferderasse, die auf einen einzigen Gründerhengst zurückgeht, namens Justin Morgan. Justin Morgan war allem Anschein nach ein Pferd des Quarter Horse-Schlages (der damals als Rasse noch nicht anerkannt war). Darum war das Morgan Horse lange Zeit fast identisch mit dem > Quarter Horse. In jüngerer Zeit fand es mehr Verwendung als > English Horse und als Fahrpferd, und die Rasse hat sich dementsprechend anders entwickelt

Mouth (mauth) = Maul/Mund

Mouthpiece (...pihß) = Mundstück. Die Mundstücke bei > Bits können gebrochen, mehrmals gebrochen, aber auch „solid“, d.h. ungebrochen sein. Ungebrochene (Stangen) unterscheiden sich in solche ohne und solche mit Zungenfreiheit (> Port)

Mr J Bar (mistr dschäi bar) = > Foundation Sire von > Paint Horses

Mullen Mouth (mallen mauth) = Mundstücke von > Bits, die sich zur Mitte hin nicht verjüngen, sondern einer geraden Stange gleichen; manchmal aus mehreren Zylindern gleichen Umfangs bestehend, die sich individuell auf einer Achse drehen

Mustang (mastäng) = Verwildertes Pferd Nordamerikas spanischen Ursprungs, wurde, gezähmt, von den Indianern und Cowboys geritten und war maßgeblich an der

Abb.43: Mustangs in der Wüste von Nevada

Entstehung der > Western Horse-Rassen beteiligt. Genaugenommen muß man den Mustang zu den Western Horse-Rassen zählen, zumal es in Amerika mehrere Zuchtverbände für Mustangs gibt. Mustangs kamen und kommen in verschiedenen Schlägen vor, je nach landschaftlichen Gegebenheiten und Futterangebot, sind aber heute auf die unwirtlichsten Wüstengebiete beschränkt und darum häufig in armseliger Verfassung oder sogar degeneriert

N

National Champion = Die größte Show des Jahres der > APHA war jahrzehntelang die „National Show“. Die Sieger auf der National Show erhielten den Titel National Champion

Navajo Blanket (näwehou blänkit) = Aus Wolle gewebte Decke, die auch als Satteldecke beliebt ist; die wirklich von den Navajo-Indianern gewobenen sind sehr kostspielig und werden heute eher als Wandbehänge denn als Satteldecken verwandt

Neck Reining = Das Lenken des Pferdes mit einer Hand, das Pferd weicht dabei dem äußeren Zügel, wenn der seinen Hals berührt; eine ziemlich vereinfachte Darstellung, in Wirklichkeit ist es das Zusammenspiel aller Hilfen, die das Pferd bei einhändiger Zügelführung reagieren lassen

National Cutting Horse Association (näischenel katting horse äßoußiäischn) = Nationaler Verband für die Förderung und Reglementierung des > Cutting Sports; die National Cutting Horse Association of Germany ist der deutsche Verband für den Cutting Sport und den > Reined Cow Horse Sport

National Reined Cow Horse Association (...räind kau...) = Nationaler Verband für die Förderung der > Reined Cow Horse-Disziplin; in Deutschland vertreten durch die > NCHA of Germany

National Reining Horse Association = Nationaler Verband für die Förderung und Reglementierung des > Reining Sports; die National Reining Horse Association of Germany ist der deutsche Verband für den Reining Sport

NCHA (en-ßi-äitsch-äi) = > National Cutting Horse Association

Near Side (nihr ßaid) = Die linke Seite des Pferdes, die dem Reiter, wenn er es führt oder wenn er aufsitzt, am nächsten ist

Neck Rein (...räin) = Äußerer Zügel, indirekter Zügel

Neck Reining = Das Lenken des Pferdes durch einhändige Zügelführung, in dem das Pferd dem äußeren Zügel weicht, wenn dieser seinen Hals berührt

Non-Member = Nichtmitglied

Non-Pro = Nichtprofessioneller

Novice = Anfänger; kann sich sowohl auf den Reiter wie

auf das Pferd beziehen. Novice Horse = Pferd, das erst neuerlich in einer Disziplin gestartet wird

NRHA (en-ar-äitsch-äi) = > National Reining Horse Association

NRCHA (en-ar-ßi-äitsch-äi) = > National Reined Cow Horse Association

O

Off Billet = Riemen aus Leder oder Nylon an der > Off Side des > Westernsattels, an dem der > Cinch befestigt ist

Off Pattern (...pätrn) = Der Reiter hat die > Pattern nicht genau eingehalten, was Diszqualifizierung bedingt

Off Side (off ßaid) = Die rechte Seite des Pferdes, die z.B. beim Aufsitzen, normalerweise dem Reiter abgewandt ist

Offspring = Nachkommen, Nachzucht

One Ear Headstall (uan ihr hädßtal) = Kopfstück ohne Stirnriemen, das durch eine Ohrenschlaufe in Position gehalten wird

Open (oupn) = Offen; eine „Open Class" ist eine offene Klasse oder ein offener Wettbewerb. Das „offen" kann sich darauf beziehen, daß der Wettbewerb für Pferde aller Rassen offen ist, oder darauf, daß sowohl Profis wie Amateure teilnehmen können

O-Ring Snaffle (ou ring snäfl) = Einfachste und mildeste

Abb.44: O-Ring Snaffle

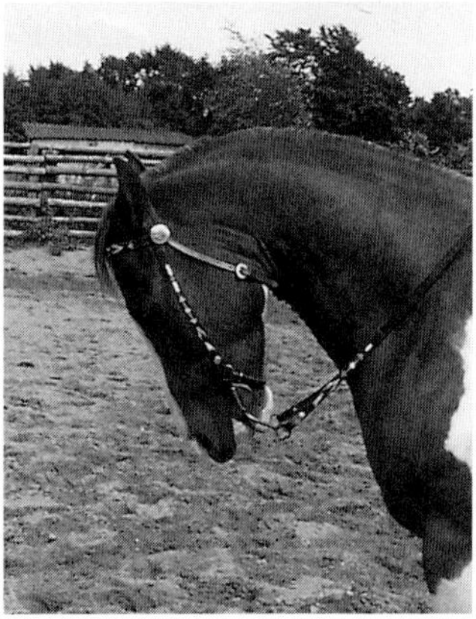

Abb.45: Over Flexing

Form des > Snaffle Bits, deren seitliche Ringe kreisrund sind

Abb.46: Dieses Pferd ist "out of position".

Der Reiter gebraucht den äußeren Zügel (neck rein) mit zuviel Druck

Outfit (autfit) = Ausrüstung und Bekleidung; die Ranch oder das Unternehmen, wofür ein Cowboy arbeitet

Out of Pattern = > Off Pattern

Out of Position (...posischn) = Das Pferd ist nicht dem Bewegungsablauf entsprechend korrekt gestellt

Over Flexing (ouwr ...) = Das Pferd geht mit der Nase hinter die Senkrechte, es „rollt sich auf"

Abb.47: Overo Paint Horse

Overo (ouvärro) = Zeichnungsmuster bei Paint Horses, bei der die weißen Abzeichen von unten bzw. von der Seite ausgehen und nur selten den Rücken kreuzen. > Crop-outs sind immer Overos

Owner (ounr) = Besitzer

P

Pacifier (pähßifair) = Bedeutet soviel wie „Friedenstifter"; Bezeichnung, die teilweise für einen > Cricket gebraucht wird, da er die Tendenz hat, das Pferd zufriedener zu machen

Abb.48: Pad

Pad (päd) = Dicke, polsternde Sattelunterlage

Paddock (päddock) = Umzäunung, Auslauf

Pack Horse (päk ...) = Packpferd; Pferd zum Lastentragen

Pack Saddle (päk ßädl) = Packsattel

Painted Joe (päintid jou) = Herausragendes > Quarter Mile-Rennpferd, > Paint Horse > Foundation Sire

Painted Robin = > Paint Horse > Foundation Sire

Paint (päint) = > Paint Horse

Paint Horse (... hors) = Westernpferderasse; in Reinzucht gezüchtetes geschecktes > Quarter Horse; seit 1961 eigenständiger Zuchtverband (> American Paint Horse Association)

Paint Horse Club Germany (...klab dschörmeni) = Von der > American Paint Horse Association anerkannter Landesverband für Deutschland

Paint Roundup (... raundap) = International Paint Roundup, größte > Paint Horse Show in Europa, gleichzeitig German Paint Horse Championship (Deutsche Meisterschaft für Paint Horses)

Palomino (pälouminno) = Ein falbes Pferd mit hellem Langhaar, idealerweise ist die Grundfarbe ein Goldton und das Langhaar nahezu weiß. In Amerika gibt es einen eigenen Verband für Palominos, der aber nicht nach Rasse registriert, sondern Palominos aller möglichen Rassen und Kreuzungen

Abb.49

Tobiano (linke Spalte) und Overo Paint Horses (rechte Spalte) mit unterschiedlich hohem Anteil an weißen Abzeichen

Pastern (pästrn) = Fessel

Pasture (pästschr) = Weide

Pattern (pätrn) = Muster; die Bezeichnung kann sich auf ein Zeichnungsmuster (z.B. bei Appaloosas oder Paint Horses) beziehen, aber auch auf eine Reitaufgabe. Beim > Reining wird die Dressuraufgabe minuziös vorgeschrieben und „Pattern" genannt. Auch bei anderen Disziplinen sind Pattern vorgeschrieben (> Barrel Racing, > Pole Bending, > Trail, > Western Horsemanship, > Working Cow Horse)

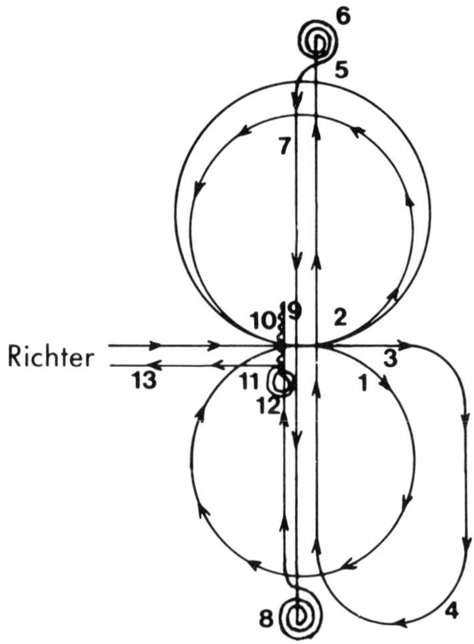

Abb.50: Working Cow Horse Pattern 2 (AQHA)

Peanut Roller (pihnat roulr) = „Erdnußroller" - abfällige

Bezeichnung für > Western Plea-sure-Pferde alter Prägung, die mit sehr tiefer Kopfhaltung gingen, „so daß sie eine Erdnuß vor sich her rollen könnten"

Pedigree (pedigrih) = Abstammung

Pen = Umzäunung, Auslauf

Penalty (pehnelti) = Strafe; Strafpunkte

Performance = Ausführung, Tat, Leistung. Innerhalb der Western Horse-Szene wird Performance oft zum Unterschied von > Halter gebraucht (Performance-Klassen = Reitklassen; Halter-Pferde müssen nicht unter dem Sattel gehen, Performance-Pferde sind dagegen Reit-Leistungspferde). Im englischen Sprachgebrauch werden die Leistungen eines Pferdes in Halter auch als dessen „Performance" angesprochen. Performance steht manchmal auch zum Unterschied von > Racing, obwohl es sich beim Racing natürlich auch um eine Performance handelt

Performance Champion = Ein Titel, den die > AQHA an Quarter Horses vergibt, die drei verschiedene > Superiors errungen haben. Die > APHA verleiht Paint Horses, die fünf > ROMs in wenigstens drei verschiedenen Performance-Kategorien und wenigstens ein Superior errungen haben, die „Performance Versatility Award"

Pinto = Ein geschecktes Pferd, unabhängig von der Rasse. Pferde aller Rassen und Kreuzungen, ob mit oder ohne belegte Abstammung, können als Pinto eingetragen werden; theoretische Ausnahme: Kaltblutkreuzungen. Der Begriff steht also nicht für eine Rasse, schon gar nicht für eine Westernpferderasse, sondern nur für die Farbe

Pivot (piwwet) =Gesprungene Drehung auf der Hinterhand um mindestens 90 Grad

Pivot Foot (... fut) = Innerer Hinterfuß, der bei > Pivot, > Roll Back und > Spin den Drehpunkt bildet

Plaudit (plodit) = > Appaloosa > Foundation Sire

Pleasure (pläschr) = Vergnügen; > Western Pleasure

Plow Reining (plau...) = Lenkung durch direkte Zügelführung (> Direct Rein), im Gegensatz zum > Neck Reining

Poco Bueno (pokou uenou) = > Foundation Sire von > Cow Horses

Point = Punkt; die Zuchtverbände haben ein Punktsystem, nach dem sie Punkte registrieren, die ein Pferd durch seine Siege und Plazierungen errungen hat. Entsprechend der Summe der Punkte, die gewonnen wurden, werden eine Reihe unterschiedlicher Titel verliehen

Pole Bending (poul...) = > Timed Event; Slalomrennen um 6 Stangen herum

Abb.51: Pole Bending

Poll (poul) = Hinterkopf des Pferdes, d.h. der Punkt zwischen den Ohren; das ist die Stelle, wo das Pferd abkippt, wenn es im Poll bzw. Genick nachgibt

Pony (pouni) = Im Sprachgebrauch des Western Horseman nicht unbedingt auf Kleinwüchsigkeit oder Rasse eines Pferdes gemünzt, vielmehr eine Bezeichnung, die oft für Cowboypferde oder Cow Horses angewandt wird, unabhängig von deren Größe

Ponying = Das Führen eines Pferdes als Handpferd vom Sattel aus

Popper = Doppelte Lederlaschen am Ende von > Snaffle Bit-Zügeln und > Quirts, die beim Gegen-das-Pferd-Schlagen ein klatschendes bis knallendes Geräusch machen; die Idee ist, das Pferd eher durch das Geräusch als durch Schmerz zu beeinflussen

Port = Gebilde in der Mitte von Kandarengebissen, oft Zungenfreiheit genannt, obwohl das nicht immer angebracht ist - beim > Spade Bit z.B. ist die Stange in der Regel gerade und bietet der Zunge keinen Raum, trotzdem er einen hohen Port hat

Position (posischn) = Korrekte Stellung des Pferdes

Posting (pousting) = Leichttraben; Aushängen einer Bekanntmachung

Private Treaty (praihwet trihti) = Private Verhandlungssache

Pro = Kurzform von „Professioneller"; wer für das Showen und Trainieren von Pferden, für Reitunterricht und für Hilfeleistungen beim Showen anderer Reiter Vergütungen erhält, ist kein > Amateur, sondern gilt als Professioneller

Produce (prodjuus) = Produziertes; bezieht sich auf die Nachzucht der Stute

Produce of Dam = > Group Halter-Klasse, bei der zwei Nachzuchttiere einer Stute geshowt werden

Prospect (Betonung auf der ersten Silbe) = Bedeutet in diesem Zusammenhang ein potentiell gutgeeignetes, ein vielversprechendes Pferd; z.B. Pleasure Prospect = ein Pferd, das ein gutes > Pleasure-Pferd zu werden verspricht

Pull = Zug

Pull and Slack (... ßläk) = Prinzip beim Westernreiten,

nach dem nicht mit anstehendem Zügel geritten wird, sondern sofort auf das Annehmen wieder > Slack folgt, wenn das Pferd vertikal oder seitlich nachgegeben hat

Puller = Ein Pferd, das sich auf das Gebiß legt

Q

Abb.52

Quarter Horse

Qualifier (kualifair) = Qualifizierter; ein ROM Qualifier z.B. ist ein Pferd, das sich für ein > ROM qualifiziert hat bzw. eins errungen hat, ein World Show Qualifier ist ein Pferd, das sich für die World Championship Show (Weltmeisterschaft) qualifiziert hat

Quarter Horse (kuartr hors) = Übersetzt „Viertelmeilenpferd", nach der klassischen Distanz für Sprint-Rennen; Prototyp des Westernpferdes; Westernpferderasse

Quarter Horse Cup Europe (... kap juroup) = Größte europäische > Quarter Horse Show; Europameisterschaft für Quarter Horses

Quarter Mile (...mail) = Viertelmeile

Quarter Turn (...törn) = Vierteldrehung, > Pivot

Quick Release Knot (kuik rilihs not) = Knoten, der mit einem Ruck wieder gelöst werden kann

Quick Stop (...ßtop) = Scharf einwirkender Zaum ähnlich einer > Mechanical Hackamore, der das Pferd zum harten Stoppen zwingen soll; > Gimmick

Quilted Seat (kuiltid ßiht) = Gepolsterter Sitz (des Sattels)

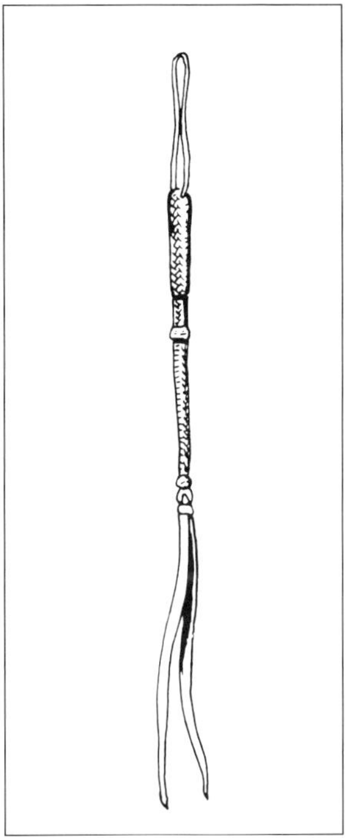

Abb.53: Quirt

Quirt (kuört) = Kurze Reitpeitsche, meistens aus > Rawhide, mit einer Schlaufe, um sie ans Handgelenk oder Sattelhorn hängen zu können

R

Race (räiß) = Rennen

Racing = Rennsport

Rail (räil) = Zaun, Bande; Rail Work = Reiten an der Bande, wie z.B. bei der > Western Pleasure

Ranch (ränsch) = Ursprünglich ein extensiver Viehzucht- oder Viehhaltungsbetrieb mit riesiger Flächenausdehnung im amerikanischen Westen. Die Größen reichten von einigen Quadratkilometern bis zu Ranches von der Größe deutscher Bundesländer. Die Bezeichnung ist heute zum Modewort geworden, und innerhalb der Westernreiterszene gibt es Pferdehaltungen mit nur kleinen oder gar keinen Weideflächen, die sich „Ranch" nennen

Rawhide (roahaid) = Rohhaut. Im amerikanischen Westen war Eisen Mangelware, und Rawhide wurde universell eingesetzt zum Bau und zur Reparatur. Der Baum des > Westernsattels, aus Holz angefertigt, wird mit nasser Rawhide bespannt, die beim Trocknen schrumpft und dem Sattelbaum so enorme Festigkeit gibt

Rawhide Reins = Kunstvoll aus dünnen Rawhide-Streifen geflochtene geschlossene Zügel, die mit > Buttons versehen sind und in einem > Romal münden. Sie waren typisch für den > Vaquero oder > Horseman Kaliforniens

Abb.54:Registration Application(Antrag auf Eintragung) mit Breeder's Certificate (Section 2)

REVERSE SIDE MUST BE COMPLETED

TYPE ____
REG. NO. ____
DATE REGISTERED ____
OFFICE USE ONLY

Registration Application
AMERICAN PAINT HORSE ASSOCIATION
P.O. Box 961023, Fort Worth, Texas 76161
Phone 817/439-3400

WO# ____
DT RECD ____
OFFICE USE ONLY

Section 1: COMPLETE INFORMATION ON HORSE TO BE REGISTERED

USE BLACK INK, TYPE OR PRINT LEGIBLY.

Name Choices: Give 3 name choices. Do not use punctuation marks or numbers. (Name not to exceed eighteen characters and spaces. Do not use sound-alike names, even if spelled differently.)

First Name
Second Name
Third Name

SEX: ☐ STALLION ☐ MARE ☐ GELDING
DATE GELDED

☐ Yes, by checking this box I authorize APHA to select a name if the above name choices are in use or not acceptable.

FOALING DATE: MONTH DAY YEAR
STATE WHERE FOAL WAS BORN
Color Of Mane Tail

COLOR ☐ White ☐ Brown ☐ Red Roan ☐ Red Dun ☐ Gray ☐ Black ☐ Chestnut ☐ Blue Roan ☐ Dun ☐ Grullo ☐ Bay ☐ Sorrel ☐ Palomino ☐ Buckskin

TYPE: ☐ Tobiano ☐ Overo ☐ Tobiano/Overo ☐ Solid

REMARKS: LIST OTHER UNUSUAL IDENTIFICATION, MARKINGS OR COLOR (INCLUDING SCARS OR BRANDS). GIVE LOCATION. IF FREEZE BRANDED, A PHOTO OF BRAND MUST ACCOMPANY APPLICATION.

DOES THIS HORSE HAVE BLUE EYES?
☐ YES ☐ NO ☐ RIGHT ☐ LEFT
☐ RIGHT EYE PARTIAL: 1/2 BLUE
☐ LEFT EYE PARTIAL: 1/2 BLUE

Section 2: BREEDER'S CERTIFICATE (Blanks 1-4 must be completed on all applications.)

THIS IS TO CERTIFY (SIRE)
1. Name No.
COLOR TYPE

WAS BRED TO (DAM)
2. Name No.
COLOR TYPE

3. SIRE OWNER AT TIME OF SERVICE AND ID NO.
(Make any name or address changes needed)

4. DAM OWNER AT TIME OF SERVICE AND ID NO.
(Make any name or address changes needed)

The dates listed below have been printed from the stallion breeding report submitted for the year in question. If these dates are incorrect, please attach a separate breeder's certificate, properly completed and signed by the record owners (lessee or authorized agent) of the sire at time of breeding. COMPLETE A NEW APPLICATION IF SIRE OR DAM INFORMATION IS INCORRECT AS PRINTED.

Beginning/ending dates above horses were bred:

Any erasure or alteration of the breeder's certificate portion of this application will invalidate the application and necessitate verification. I HEREBY CERTIFY THAT THE ABOVE INFORMATION IS TRUE AND CORRECT TO THE BEST OF MY KNOWLEDGE.

X

Any erasure or alteration of horse information or dates in this section may necessitate verification.

Written signature of owner or authorized agent of sire at time of service.
Authorization must be on file at APHA office.

REGISTRATION CHECKLIST

MAKE CERTAIN YOUR APPLICATION IS COMPLETE BY USING THE HELPFUL CHECK LIST BELOW BEFORE MAILING. IF APPLICABLE PLEASE SEND.

SECTION 1
____ 1. Names. (Please provide at least three - did you mark that APHA can name?) Do not use names that sound alike even if spelled differently.
____ 2. Color
____ 3. Sex
____ 4. Type
____ 5. Foaling Date. (Must list month, day and year.)

SECTION 2
____ 6. Properly completed and signed Breeder's Certificate (no alterations).

SECTION 3
____ 7. Signature. (Must be written, individual signature.) Example: Owner of dam at time of foaling is John and Mary Smith. Either party may sign their individual signature, or either may sign "John and Mary Smith by "John Smith" or "Mary Smith". If an agent is signing, there must be a signature authorization on file at APHA; forms are available upon request.

SECTION 4
____ 8. Transfer Report (if foal owner is different than dam owner at time of foaling) and fee (no alterations).

____ 9. FEES (See Schedule)

FOALS WITH A QH OR TB PARENT MUST ALSO HAVE ON FILE:

____ 10. COPY OF QH OR TB REGISTRATION CERTIFICATE (Both sides)
____ 11. Stallion listing card and fee if QH or TB sire.
____ 12. Stallion Breeding Report and fee should be filed no later than Nov. 30 of breeding year by stud owner at time of service.

bzw. der Westküste und wurden mit kurzen Ketten am > Spade Bit, > Half Breed Bit oder > Chileno Bit befestigt

Registration (redschisträischn) = Registration, Eintragung; z.B. die Eintragung beim Zuchtverband

Registration Application (...äplikäischn) = Antragsformular zur Eintragung eines Pferdes beim amerikanischen Zuchtverband

Register of Merit = Auszeichnung für Pferde, die in einer Disziplin eine bestimmte Anzahl an > Points gewonnen haben. Es wird das Register of Merit für > Racing unterschieden und das Performance oder Arena Register of Merit. Für das Race oder Racing Register of Merit muß ein Pferd einen > Speed Index von mindestens 80 haben. Für das Performance > ROM qualifiziert sich ein Pferd bei der > AQHA, wenn es in einer oder mehreren Disziplinen mindestens 10 Punkte errungen hat. Um als ROM-Pferd einer bestimmten Disziplin bezeichnet werden zu können, muß es mindestens 5 in dieser Disziplin errungen haben. Bei der > APHA, wie auch beim > ApHC gibt es ROMs bezogen auf einzelne Disziplinen, und die Pferde müssen in einer Disziplin mindestens 10 Punkte erringen, um sich für ein > ROM zu qualifizieren

Reined Cow Horse (räind kau hors) = Disziplin im Westernreiten, die aus der Rinderarbeit an der Westküste stammt und aus zwei Teilen besteht: der Reined Work oder Dry Work, die einer > Reining entspricht, und der > Fence Work, bei der ein Rind in vorgeschriebener Weise gearbeitet werden muß; manchmal auch mit sogenannter Herd Work als drittem Teil, die im Prinzip dem > Cutting entspricht

Reining (räining) = Die anspruchsvollste Western-Dressurprüfung

Reins (räins) = Zügel; generell werden unterschieden geschlossene (meistens mit > Romal) und geteilte (> Split Reins)

Remuda = Gruppe von Sattelpferden

Rerun (rihran) = Wiederholungslauf; unter bestimmten Voraussetzungen kann einem Reiter ein Rerun zugebilligt werden, wenn er bei seinem Ritt z.B. durch Dinge, die nicht seinem Einfluß unterlagen, in unfairer Weise benachteiligt wurde

Reserve (risörv) = Reserve; Vize...; der Reserve Champion ist der Reservesieger einer Show. In > Halter ist der

Reserve Champion das Pferd, das zum zweitbesten seines Geschlechts aus allen Altersklassen gekürt wurde

Reverse (rivörs) = Entgegengesetzt, rückwärts; Kommando bei der > Western Pleasure-Klasse, auf das hin die Reiter zur Bahnmitte hin abwenden und in entgegengesetzter Richtung weiterreiten. Im britischen Englisch wird damit auch das > Back Up bezeichnet

Reverse Arc (... ark) = Außenstellung des Pferdes im Verhältnis zu seiner Bewegungsrichtung

Ribbon = Schleife, Siegerschleife

Rib Cage (...käidsch) = Rippenkasten, Brustkasten; Mittelhand des Pferdes

Rigging = Takelung des > Westernsattels. Bei der konventionellen Rigging sind die Rigging-Ringe auf dem Sattelbaum befestigt. Bei der Inskirt Rigging sind sie in die > Skirting-Leder eingearbeitet und tragen nicht auf

Ring Steward (...ßtjuard) = Assistent des Richters

Roan (roun) = Unveränderlicher Schimmel, „Eisenschimmel"; roan Haare = Stichelhaare. Man unterscheidet grundsätzlich den „Blue Roan", dessen Grundfarbe schwarz oder dunkelbraun ist, und den „Red Roan", dessen Grundfarbe Fuchs oder Rotbraun ist. Roans dürfen nicht mit „normalen" Schimmeln verwechselt werden, erstere verändern sich nicht, letztere werden von Jahr zu Jahr heller, weißer. Bei Fohlen oder Jungpferden kann meistens schon früh erkannt werden, ob es sich um einen Roan oder einen > Grey (Schimmel) handelt: Bleibt der Kopf dunkel, ist es möglicherweise ein Roan (obwohl manche Schimmel erst später aufhellen); zeigen sich hingegen die ersten weißen Haare auch am Kopf, ist es ein Schimmel. Viele Pferde haben nur einen Teil roan Haare, vor allem in der Flankengegend, und sind keine direkten, „klassischen" Roans; letztere haben überall an Hals, Rumpf und oberen Gliedmaßen ausgeprägte Stichelhaare, während der Kopf, das Langhaar und die unteren Gliedmaßen dunkel bleiben

Rodeo (roudeo) = Das amerikanische Rodeo (die Betonung liegt dabei auf der ersten Silbe) besteht aus Wettkämpfen, die sich z.T. mit dem Westernreiten überlappen, z.T. auch gar nichts damit zu tun haben. Disziplinen wie Barrel Racing und Pole Bending sind Bestandteil der meisten Westernturniere und auch Rodeos, Ropings (Rinder- und Kälberfangen mit dem Wurfseil) sind direkt aus der

Cowboyarbeit entlehnt. Dagegen haben die Rodeo-Disziplinen Bucking Horse Riding (Reiten von bockenden Pferden), Bull Riding (Reiten von bockenden Bullen) und Steer Wrestling (vom Sattel aus auf laufende Ochsen springen und diese an den Hörnern umwerfen) mit Westernreiten und mit Reiten nichts zu tun. Westernreiten wird fälschlicherweise oft mit Rodeo verwechselt

Roll Back (roul bäk) = 180-Grad-Wendung auf der Hinterhand

ROM (ar-ou-em) = Abkürzung für > Register of Merit

Roller (roulr) = Kleine Rolle oder Walze im Mundstück eines > Bits, die das Pferd mit der Zunge bewegen kann; dient zum Abreagieren etwaiger Nervosität

Romal (roumäl) = Vom spanischen ramal; peitschenartige Verlängerung der kalifornischen geschlossenen Zügel

Rookie (ruuki) = Neuling; nicht unbedingt ein Reitanfänger, sondern auch jemand, der in einer bestimmten Disziplin neu ist

Rope (roup) = Strick, Seil; korrekte Bezeichnung für das Wurfseil des Cowboys, oft Lasso genannt

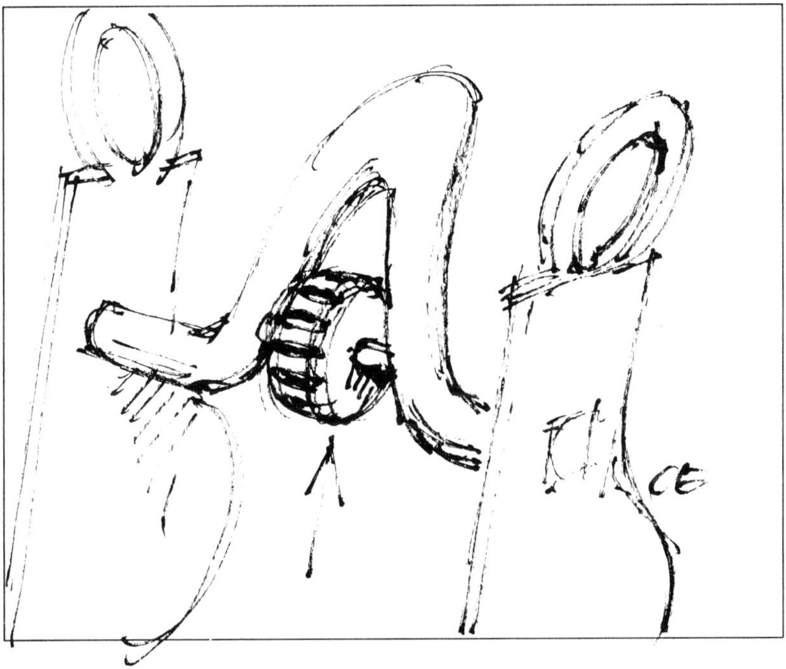

Abb.55: Roller

Rope Hackamore (... häkemor) = > Hackamore, deren > Bosal aus einem Stück Strick besteht; ist vor allem in Texas verbreitet und der Vorläufer des > Side Pulls

Roping = Fangen mit dem > Rope

Round Corral, Round Pen (raund koräll, round pen) = kreisförmige Umzäunung, besonders gern gebraucht zum Anreiten und Longieren, tunlichst mit solidem, hohem Zaun

Rounded Skirts (raundid skörts) = Rund geschnittene > Skirts des Westernsattels

Rowel (rauel) = Sporenrad

Rump (ramp) = Kruppe

Runaway (raneuäi) = Durchgänger

Running W (ranning dablju) = Vorrichtung, mit der dem Pferd während des Laufes die Beine weggezogen werden können

Run Down (ran daun) = Geradeauslauf im Galopp vor dem > Sliding Stop

Run-off = Stechen, Entscheidungslauf bei Punktegleichheit

S

Saddle (ßädl) = Sattel

Saddle Bag (...bäg) = Satteltasche

Score (skor) = Bewertung, Punktzahl, die man für einen Ritt erhält

Scotch Hobble (ßkotsch hobl) = Fesselung eines Hinterbeines zur Einschränkung der Beweglichkeit eines Pferdes

Abb.56: Scotch Hobble

Senior (ßihnjer) = Senior-Pferde sind fünfjährig oder älter und müssen in den Dressurklassen einhändig und mit Bit geshowt werden

Set (ßet) = Stop

Set and Turn (...änd törn) = > Roll back

Shank (schänk) = Hebelarm des > Bits

Shin Boots (schin buhts) = Schützer für die vorderen Röhren des Pferdes

Shoe (schuh) = Schuh; in diesem Fall kurz für > Horseshoe = Hufeisen

Short Horse (schort...) = Rennpferd für kurze Distanzen

Abb.57: Short Race

oder Sprint-Rennen; das > Quarter Horse ist das klassische Short Horse

Short Racing = Kurzstrecken- oder Sprint-Rennen

Show (schou) = Schau; bezeichnet beim Westernreiten ein Turnier

Showmanship (schoumenschip) = Was nötig ist, um ein Pferd - ob an der Hand oder unter dem Sattel - optimal vorzustellen; auch > Youth-Klasse auf Westernturnieren, bei der das Pferd an der Hand vorgestellt wird wie in einer > Halter-Klasse, aber nicht die Qualität des Pferdes beurteilt wird, sondern wie gut der Jugendliche es vorstellt

Shotguns (schotgans) = Relativ eng der Beinform angepaßte > Chaps, meistens mit Fransen an den Säumen

Abb.58: Shotgun Chaps

Side Pass (ßaid päß) = Seitengang des Pferdes, bei dem seine Längsachse rechtwinklig zur Bewegungsrichtung bleibt; kommt in der > Trail-Prüfung vor

Abb.59: Side Pass über Stangen

Side Pull (... pull) = Gebißloser Trainingszaum ähnlich der > Hackamore, aber mit seitlich angebrachten Zügeln

Sire (ßair) = Vater, Vererber, Erzeuger

Sire and Get (... änd get) = > Group Halter-Klasse; ein Hengst und zwei seiner Nachzuchttiere werden geshowt

Single Rig = Sattel mit nur einem Bauchgurt, meistens in 3/4 Position oder Center Fire (mitten unterm Sattel)

Single Steer Roping (ßingl ßtihr rouping) = > Rodeo-Disziplin, bei der ein Reiter einen Ochsen mit dem > Rope fangen und umwerfen und fesseln muß

Skid Boots (... buhts) = > Leg Boots; Schoner für die hinteren Fesselköpfe, damit diese beim > Sliding Stop nicht wund werden

Skirt, Skirting (ßkört, ßkörting) = Dicke Lederplatten zu-

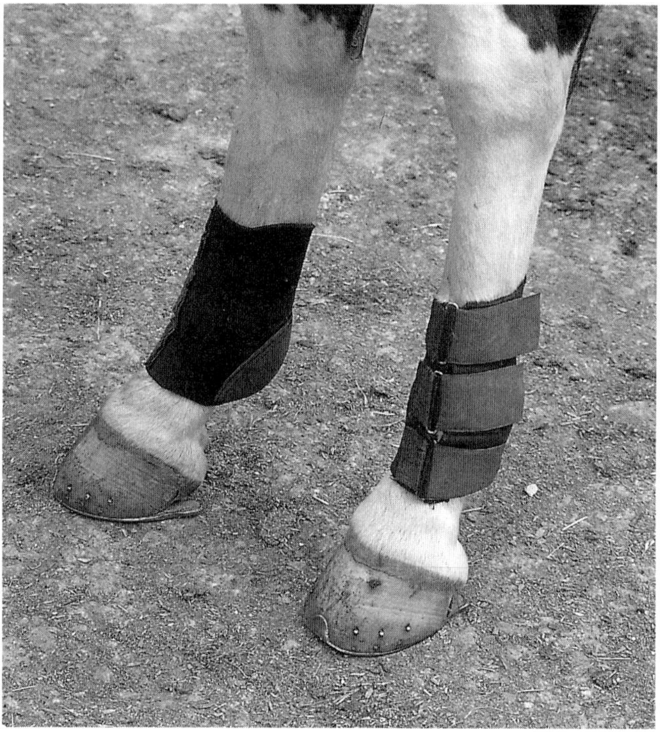

Abb.60. Skid Boots

unterst des > Westernsattels, deren Unterseite in der Regel mit Schaffell gepolstert ist

Slack (ßläck) = Schlaff, locker, lose; bezieht sich beim Westernreiten meistens auf die Zügel, welche dann Slack haben, wenn sie durchhängen, also nicht anstehen

Slicker = Regenmantel; Teil der > Trail-Prüfung, bei dem der Reiter sich im Sattel einen Regenmantel (oder Ähnliches) überziehen und/oder ausziehen muß

Slide (ßlaid) = Rutsch, rutschen

Slide Ear Headstall (... ihr hädßtal) = Einohrzaum, dessen Öse für das Ohr verschiebbar ist; > One Ear Headstall

Sliding Stop (ßlaiding ßtop) = Anhalten aus dem Galopp, bei dem das Pferd auf den Hinterhufen rutscht, bis es zum Stehen kommt; Teil der > Reining-Prüfung

Sliding Plates (...pläits) = Besondere Hufeisen, die breiter als gewöhnlich sind, keine vorstehenden Nagelköpfe haben und das Gleiten auf den Hinterhufen beim > Sliding Stop unterstützen sollen

Slip Knot (ßlip not) = > Quick Release Knot

Slit Ear Headstall (ßlit ihr hädßtal) = Einohrzaum, des-

Abb.61: Sliding Stop

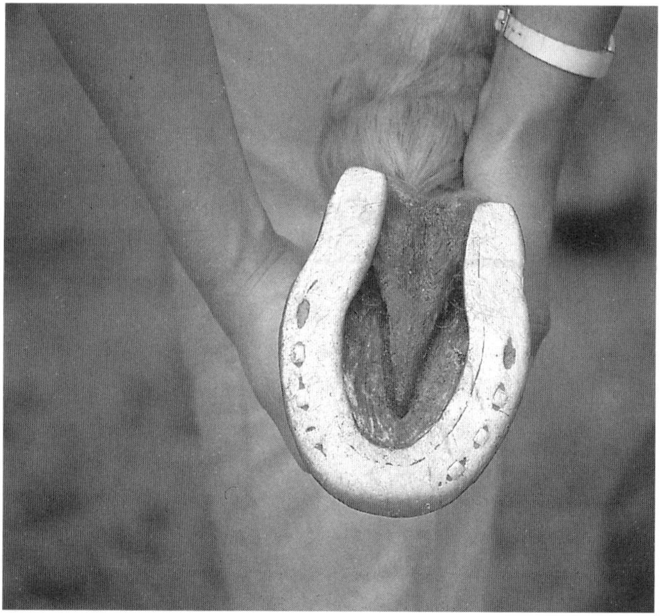

Abb.62: Sliding Plate

sen Öse für das Ohr nur in einem Schlitz im Leder des Kopfstücks besteht; > One Ear Headstall

Snaffle Bit (ßnäffl bit) = Wassertrense; gebräuchlichste Trainings-Zäumung im Westernreiten

Abb.63: Snaffle with Shanks

Snaffle Bit Reins (... räins) = Meistens recht breite > Split Reins aus Nylon, Hanf oder Leder, die oft an den Enden > Popper haben

Snaffle with Shanks (... schänks) = Gebiß mit Trensenmundstück, Hebelanzügen und Kinnriemen

Snubbing Post (ßnabbing poust) = Ein solider eingegrabener Pfosten, um den das > Rope gewickelt werden kann, damit man allein in der Lage ist, ein ungebärdiges Tier, z.B. ein Pferd, zu halten

Abb.64: Snubbing Post

Socks (ßocks) = Socken; weiße Abzeichen an den Pferdebeinen, im Deutschen gewöhnlich „Stiefel" genannt

Solid (ßolid) = Solide;

Abb.65: Spade Bit

auch ein einfarbiges Pferd wird als solid (solidefarbig) bezeichnet

Sorrel = Fuchs

Spade Bit (ßpäid...) = Kandare des kalifornischen > Vaqueros, die typischerweise etwas bewegliche Hebelanzüge und einen hohen, löffel- oder spatenförmigen > Port aufweist, der unter dem Gaumen des Pferdes einwirkt; im Port eingearbeitet findet sich in der Regel ein > Cricket

Speed Index = Klassifizierung eines Rennpferdes nach seiner Höchstgeschwindigkeit

Spin (ßpin) = 360-Grad-Drehung auf der Hinterhand, die möglichst flach, bei rhythmisch tretenden Vorderbeinen ausgeführt werden soll; Teil der > Reining-Prüfung

Splint Boots (ßplint buhts) = Schützer für die vorderen Röhren des Pferdes

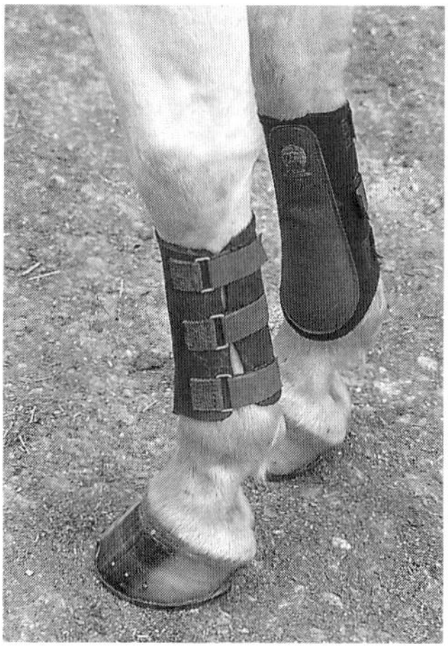

Abb.66: Skin oder Splint Boots

Abb.67a-d: Spin = 360-Grad-Drehung auf dem Hinterfuß

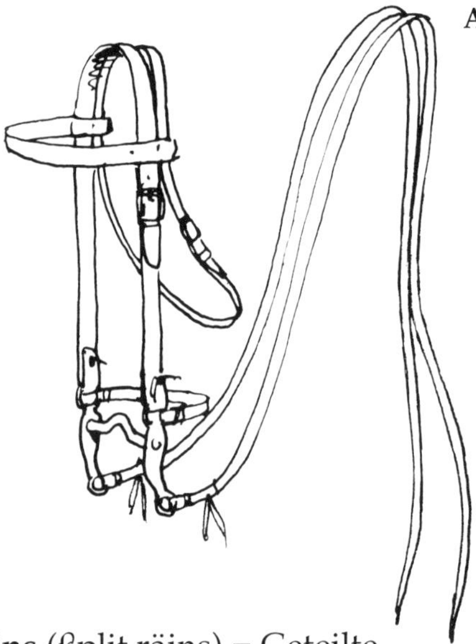

Abb.68: Split Reins

Split Reins (ßplit räins) = Geteilte Zügel, wie sie im Mittelwesten typisch waren

Spooky (ßpuhki) = Schreckhaft

Spurs (ßpörs) = Sporen; die Westernsporen haben ein > Rowel, ein Rad, mit mehr oder weniger zahlreichen Zacken, die rundgeschliffen sein müssen (je mehr Zacken, desto milder wirkt der Sporn)

Spur Leather, Spur Strap (... lether, ... ßträp) = Sporenleder bzw. -riemen

Square (ßkuär) = Quadrat, Viereck. Kommt in diesem

Abb.69: Spur

Zusammenhang einmal in der > Halter-Klasse vor, wo die Pferde „square“ aufgestellt werden sollen, d.h. daß die Beine so plaziert sind, daß sie ein Rechteck bilden. In der > Trail-Prüfung ist das Square ein quadratisches Hindernis, gebildet aus am Boden liegenden Stangen, in welches das Pferd hineintreten muß, sich darin um 360 Grad drehen und dann wieder hinaustreten muß, ohne die Stangen zu berühren

Square Skirts (... ßkörts) = Eckig geschnittene > Skirts des Westernsattels

Squaw Reining (ßkua räining) = Einhändige Zügelhaltung während des Trainings, bei der mehr als nur ein Finger zwischen den Zügeln ist

Abb.70: Squaw Reining

Stable (ßtäibl) = Pferde- oder Kuhstall, auch Reitstall oder Rennstall

Stake Race (ßtäik ...) = Amateur- bzw. Jugendklasse, bei der in Form einer 8 um zwei Stangen herumgaloppiert werden muß; > Timed Event

Stallion (ßtäljen) = Hengst

Stallion Breeding Report (... brihding...) = Ein Formular, das vom Hengsthalter am Ende der Decksaison ausgefüllt und an den amerikanischen Zuchtverband geschickt werden muß; es muß alle gedeckten Stuten mit Namen, Registrationsnummern und Besitzern enthalten; Voraussetzung für die Registrierfähigkeit der betreffenden Fohlen

Stallion Service Auction (... ßörwiß okschn) = Decksprungversteigerung

Stampeder (ßtämpihder) = Durchgänger

Stamping (ßtähmping) = Leder-Punzierung; mit dem Hammer und besonderen Metallstempeln werden Teile des Leders tiefergelegt, verdichtet, und es entstehen verschiedene Muster, wie z.B. > basket stamped oder > floral stamped

Star (ßtar) = Stern

Stifle (ßtaifl) = Knie; Kniebemuskelung

Stirrup (ßtirap) = Steigbügel

Abb.71: Stirrups

Stock Saddle (ßtok ßädl) = > Westernsattel

Straight Bar (ßträit ...) = Gerade Stange eines > Bits

Strap Keeper (ßträp kihpr) = Eine Lederlasche am > We-

Abb.72: Der Western-sattel

sternsattel mit einem Schlitz, als Halterung für das übrigbleibende Ende des > Latigos

Stud (ßtad) = Zuchthengst; auch Bezeichnung für Gestüt bzw. Deckstation (besonders im britischen Englisch)

Stud Fee (... fih) = Decktaxe

Superior (ßupihrier) = Superior (Event) Horse ist eine Auszeichnung für Pferde, die in einer bestimmten Disziplin eine Mindestpunktzahl erreicht haben. So verlangen > AQHA und > APHA wenigstens 50 Punkte für einen Superior-Titel (für ein Racing Superior sind bei der AQHA 200 Punkte erforderlich), der > ApHC verlangt ebenfalls für die meisten Disziplinen 50 Punkte, für Halter, Western Pleasure, Hunter under Saddle und Saddle Seat Pleasure 100 Punkte

Superior All-around = Titel, den die > APHA Pferden verleiht, die ein > Superior in > Halter und in einer > Performance-Disziplin haben und außerdem jeweils wenigstens ein > ROM in mindestens vier Performance-Kategorien

Supreme Champion (ßuprihm...) = Höchste auf erworbenen Punkten basierende Auszeichnung der Zuchtverbände; bei > AQHA und > APHA gehören zu den Anforderungen auch bestimmte Rennleistungen. Bei allen drei Zuchtverbänden sind Erfolge sowohl in Halter wie in Performance Bedingung. Die unterschiedlichen Anforderungen im einzelnen würden hier zu weit führen

Sweat (ßuet) = Schweiß; als Sweat wird auch eine Hülle aus Gummi, Nylon oder Plastik bezeichnet, die zum Abschwitzen von Körperteilen des Pferdes benutzt wird. Je nachdem, wo er eingesetzt wird, spricht man von einem Jowl Sweat für die Kehle-/Genickgegend (> Throatlatch) oder einem Neck Sweat für den Hals. Manche Sweats bedecken Kopf, Hals und Schulter

Sweet Iron (ßuiht airn) = Einfacher, rostender Stahl, der, als Mundstück eines > Bits verarbeitet, einen dem Pferd angenehmen und den Speichelfluß fördernden Geschmack abgibt, im Gegensatz zu rostfreiem Stahl oder Legierungen

Sweetwater Mouthpiece (ßuihtuatr mauthpihß) = Mundstück von > Bits, das aus einer Stange von gleichmäßigem Umfang besteht, die insgesamt leicht gebogen ist und auf diese Weise zwar etwas Zungenfreiheit bietet, aber keinen > Port hat

Swell (ßuel) = Seitliche Wülste and der > Fork des > Westernsattels

T

Tack (täk) = Ausrüstung (vor allem > English)

Tack Room (... ruhm) = Sattelkammer

Tail (täil) = Schweif

Taps (täps) = Steigbügelüberschuhe; die Bezeichnung stammt von dem spanischen Wort tapaderos

Tassel (täßl) = Quaste, typischerweise aus Pferdehaaren, am Kehlriemen des Kopfstücks, mitten unter dem Bauchgurt und am Anfang der > Mecate; hat nicht nur verzierenden Charakter, sondern dient auch zum Wegwedeln von Fliegen

Team Penning (tihm...) = Ein > Timed Event, bei dem ein Team von 3 Reitern aus einer Herde 3 gekennzeichnete Rinder aussortieren und in einen > Pen treiben muß

Team Roping (... rouping) = > Rodeo-Disziplin, bei der zwei Cowboys ein Rind fangen, der eine (der Header) am Kopf und der andere (der Heeler) an den Hinterbeinen

Teeter-totter (tihtr-totr) = Wippe; kommt in manchen

> Trail-Prüfungen vor, wird von der > AQHA als zu gefährlich eingestuft und nicht zugelassen

Abb.73: Teeter Totter oder Bridge

Texas Style = Reit- und Arbeitsweise des Texanischen Cowboys, die eigenständige Ausrüstungsgegenstände hervorgebracht hat. Merkmale: > Double Rig-Sattel, > Rope Hackamore, > Grazer Bit, > Split Reins, > Hard- and Fast-Roping, > Cutting

Three Bars (thri bars) = Ein Vollblüter, der ein > Foundation Sire von > Quarter Horses wurde

Throatlatch (throutlätsch) = Kehle des Pferdes

Tie (tai) = Schleife; bezeichnet in diesem Zusammenhang einen Punktegleichstand

Tie Down (tai daun) = > Martingale

Tie Strings = Lederriemen am > Westernsattel, die durch die > Conchas laufen und zur Befestigung von Ausrüstungsgegenständen dienen, die am Sattel mitgeführt werden sollen; sie halten zugleich konstruktionsbedingt die Lederplatten des Sattels zusammen

Tigerscheckung = Deutscher Begriff für eine Farbzeichnung beim Pferd, die sich hauptsächlich in Form von Punkten zeigt (was eigentlich falsch ist, da ein Tiger gestreift ist); typische Zeichnung für > Appaloosas, wenngleich sie nicht nur bei dieser Rasse vorkommt

Timed Event (taimd iwent) = Ein Wettbewerb, bei dem es auch oder ausschließlich um die Bestzeit geht, also eine Art Rennen. Zu den Timed Events gehören > Barrel Racing, > Pole Bending, > Cow Pony Race, > Stake Race und > Roping

Abb.74: Tobiano Paint Horse

Tobiano (toubiäno) = Zeichnungsmuster bei Paint Horses, bei dem die weißen Abzeichen über den Rücken des Pferdes laufen; die Beine sind meistens bis zum Carpal- bzw. Sprunggelenk weiß

Tom Thumb (...thamb) = Relativ milder > Snaffle Bit with Shanks; Trensengebiß mit kurzen Hebelarmen

Tooling (tuhling) = > Stamping

Tovero (touväro) = Paint Horse, das sowohl Charakteristika der > Tobiano > Pattern zeigt, wie auch der > Overo Pattern bzw. nachweislich Eltern beider Zeichnungsmuster hat

Abb.75: Slide Tracks

Track (träk) = Bahn; ein Race Track ist eine Rennbahn, ein Sliding Track eine Bahn zum Üben von > Sliding Stops

Tracks = Spuren; „Sliding Tracks" sind die Spuren, die ein Pferd bei einem > Sliding Stop in den Boden zieht, auch „Number Eleven" (Nummer Elf) genannt, denn der Amerikaner schreibt eine Elf in zwei Strichen.

Trail (träil) = Pfad, Route; Geschicklichkeits-/Hindernisparcours

Trailer (träilr) = Anhänger

Transfer (trähnsför) = Bezieht sich in diesem Zusammenhang auf die Umschreibung eines Pferdes auf einen neuen Besitzer

Trophy (troufi) = Trophäe

Trophy Buckle (...bakl) = Als Preis (Trophäe) verliehene, besonders verzierte und eingravierte Gürtelschnalle

Trophy Saddle (... ßädl) = Meistens besonders gekennzeichneter Sattel, der als Preis verliehen wird

Trot = Trab

TRANSFER REPORT
THE AMERICAN QUARTER HORSE ASSOCIATION
AMARILLO, TEXAS 79168
806-376-4811

INSTRUCTIONS:(Print or type all requested information)
- **CAUTION:** The color and markings of the horse should be checked against the registration certificate.
- Registration certificate and transfer fee must accompany this form.
- All blanks must be completed, including written signature of seller.

(Any erasure or alterations of this form may necessitate verification.)

Effective January 1, 1989, AQHA adopted a member/nonmember fee schedule for its services. SAVE MONEY! Join AQHA now for $10 and enjoy the advantages of the reduced member fees!

( ) Buyer's annual membership ($10) and transfer fee ($10) $20.00
( ) Buyer already a member; transfer fee ($10) $10.00
( ) Do not want membership. Nonmember transfer fee ($20) $20.00
( ) Rush Service in addition to transfer fee ($15) $15.00

Total Amount Enclosed $______

For information concerning Transfer rules, check the current AQHA Offical Handbook or contact AQHA Transfer Department at 806-376-4811.

I/We certify that the horse sold is the horse registered with the Association as described on the Certificate of Registration delivered to AQHA with this Transfer Report.
I/We hereby authorize the AQHA to record the transfer of ownership of the horse. **IF GELDED, PLEASE CHECK** ☐

NAME OF HORSE ______ AQHA REG. NO. OR APPENDIX CODE ______

IF NOT YET REGISTERED (list year foaled and number of sire and dam)

Year foaled ______ Sire ______ Dam ______

DATE OF SALE ☞ ______ 19 ______ ☚ **IMPORTANT:** (list month, day and year horse actually changed ownership

TO: BUYER ______

Print Buyer's name which must not exceed 30 characters (Letters, spaces and marks of punctuation).

BUYER'S AQHA ID NUMBER ______
MAILING ADDRESS OF BUYER

______
Street or Box Number City State Zip Code

Buyer's Phone: Area Code ______ No. ______

I/WE further certify that the horse sold is the horse registered with the Association as described on the Certificate of Registration delivered to AQHA.

Written Signature of Seller X ______

Printed Name of Seller ______

SELLER'S AQHA ID NUMBER ______ SELLER'S PHONE NUMBER ______
MAILING ADDRESS OF SELLER

______
Street or Box Number City State Zip Code

REQUIRED: IF CONSIGNED TO AUCTION SALE, PLEASE GIVE NAME, DATE AND MAILING ADDRESS OF SALE CO.

______

______

OFFICE USE ONLY

Abb.76: Transfer Report

Trot Over = Hindernis, über das im > Trail getrabt werden muß

Tucking (tacking) = Nachgeben, Abkippen im Genick, Beizäumen - das Pferd zieht das Kinn ein und trägt den Kopf mehr oder weniger senkrecht

Tunnel Cinch (tanl ßinsch)Bauchgurt mit Langlaschen, welche die überstehenden Enden von > Off Billet oder > Back Cinch aufnehmen

Turn (törn) = Dreh, Wendung

Turn Back Men (...bäk men) = Zwei Reiter, die beim > Cutting dem > Cutter insofern helfen, als daß sie das ausgesonderte Rind diesem immer wieder zutreiben, damit dieser Gelegenheit hat, in möglichst kurzer Zeit zu zeigen, was sein Pferd kann

Turn Around (... eraund) = Drehung; > Spin

Twitch (tuitsch) = Nasen- oder Ohrenbremse

Twisted Wire Mouthpiece (tuistid uair mauthpihß) = Mundstück von > Bits, das korkenzieherähnlich gedreht ist und schärfer einwirkt als ein glattes

Two Tracking (tu träcking) = Seitengang des Pferdes, bei dem es sich auf zwei Hufschlägen bewegt, aber in der

Längsachse schräg zur Bewegungsrichtung bleibt, sich also vorwärts/seitwärts bewegt

V

Vaquero (wakärro oder bakärro) = Spanische Bezeichnung für Rinderhirte

Versatility (vörßetihliti) = Vielseitigkeit

Vet (wet) = Kurzform für Veterinarian oder Veterinary, d.h. Vetreinär oder Tierarzt

V-Muscle (wi mussl) = V-förmige Brustmuskulatur

Vorformen = Der > Bosal sollte vorgeformt werden, bevor er gebraucht wird, damit er den Kinnbeinen des Pferdes besser angepaßt ist

W

Walk Over (uohk ouwr) = Im Schritt (Walk) über am Boden liegende Dinge, meistens Stangen, reiten; Teil der > Trail-Prüfung

War Bridle (uohr braidl) = Ein Seil, so um den Pferdekopf gelegt, daß es sich bei einem Ruck am freien Ende zusammenzieht und auf Nerven hinter den Ohren und um die

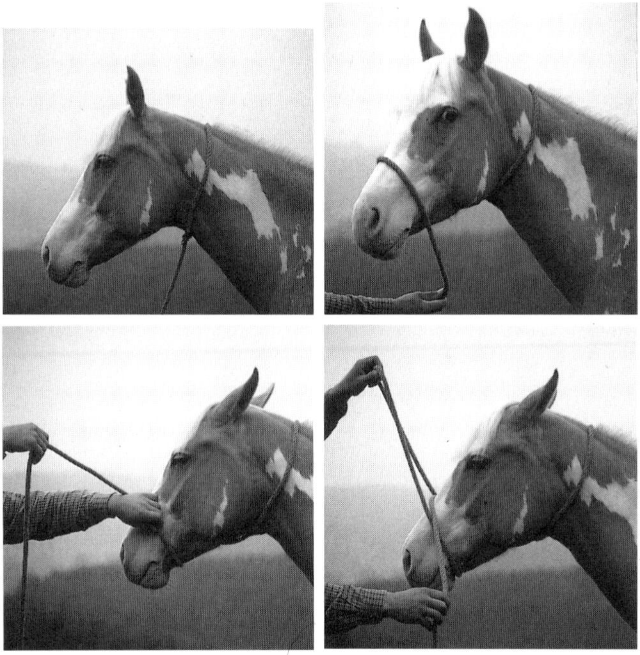

Abb.77a-e: Das Anlegen der War Bridle

Maulpartie drückt, sich nach dem Ruck aber wieder lockert; ein Instrument zur Ausbildung und Disziplinierung

Weanling (uihnling) = Absatzfohlen

Western Horse (uestrn hors) = Es gibt drei Western Horse-Rassen: > Quarter Horse, > Paint Horse und > Appaloosa Horse; im weiteren Sinne muß man auch die > Mustangs dazuzählen

WESTERN HORSE = Deutsche Fachzeitschrift für Westernpferde und Westernreiten, seit 1988.

Western Horsemanship (...hors-menschip) = Western-Reitkunst; auch > Youth- oder Amateurklasse, bei der das Reiten in den Grund-gangarten in der Gruppe beurteilt wird, ähnlich der > Western Plea-

Abb:78: Western Horse

Abb.79: Western Pleasure-Klasse

Abb.80: Western Riding: Mit fliegenden Galoppwechseln um die Marker herum

sure, und die noch aus einem zweiten Teil besteht, in dem einzeln eine bestimmte Aufgabe vorgeritten werden muß; auch Western Equitation genannt

Western Pleasure (...pläschr) = Western-Dressurdisziplin, bei der die Grundgangarten besonders gesetzt und gleichmäßig verlangt werden

Westernreiten = Deutscher Begriff für die Reitweise, die sich im amerikanischen Westen aus der Arbeitsreiterei des Cowboys entwickelt hat

Western Riding (...raiding) = Westernreiten; außerdem wird auch eine Dressurdisziplin innerhalb des Westernreitens so genannt, bei der vor allem eine Serie fliegender Galoppwechsel an vorgeschriebenen Punkten verlangt wird

Western Stock Saddle (uestern ßtok ßädl) = Die amerikanische Bezeichnung für den Cowboysattel oder > Westernsattel

Westernsattel = Deutsche Bezeichnung für den amerikanischen Cowboysattel bzw. modernen Western Show-Sattel. Er wird heute in unterschiedlichen Versionen gebaut, als vielseitiger Sattel für Cowboys und nicht spezialisier-

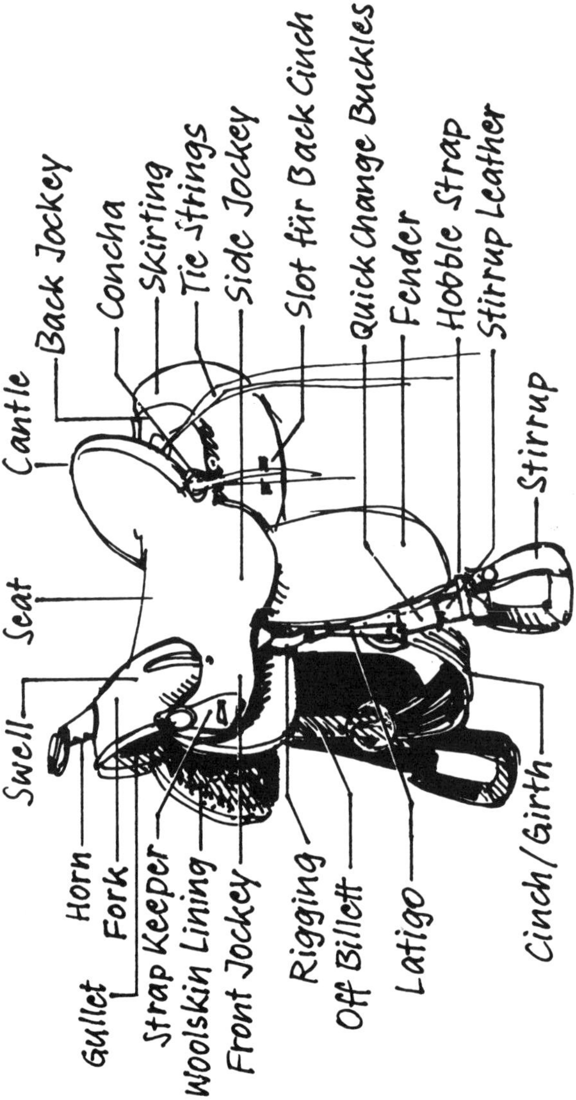

Abb.81: Einzelne Bezeichnungen beim Westernsattel

te Turnierreiter, als Sattel speziell für > Reining, > Cutting, > Barrel Racing, > Western Pleasure, > Roping, > Bucking Horse-Reiten oder Langstreckenreiten

Whip (uuip) = Peitsche

Whip Training = Eine besondere Form des > Aussackens

Whoa (uou) = Stimmliches Kommando, das Stoppen, Anhalten oder Stehenbleiben bedeutet

Wild Horse (uaild hors) = Die wildlebenden Pferde Nordamerikas werden oft als Wild Horses, also als Wildpferde bezeichnet, obwohl es sich um keine echten Wildpferde, sondern um verwilderte Hauspferde handelt (> Mustang)

Withers = Widerrist

Wooleys (uuellis) = Warme > Chaps, meistens aus Angorafell oder Bärenfell

Working Cowhorse (uörking kauhors) = Andere Bezeichnung der Disziplin > Reined Cow Horse, die meistens von den > Speed Associations benutzt wird

Work Horse, Working Horse (uork / uorking hors) = Arbeitspferd; im deutschen Sprachgebrauch denkt man dabei nur allzu leicht an ein Kaltblutpferd, was mit diesem Begriff aber durchaus nicht ausgedrückt sein muß. Das Cowboypferd ist ein Reitpferd und dennoch ein Working Horse oder Arbeitspferd

Work-off = > Run-off

X

X-ray (ex räi) = Röntgenaufnahme

Y

Yard (jard) = Englische Elle; 0,914 m. Die für das > Short Racing typischen Distanzen werden gewöhnlich in Yards ausgedrückt. So sind 220, 330, 400 und 440 Yards klassische Distanzen (440 Yards entsprechen der > Quarter Mile

Year (jier) = Jahr

Yearling (jierling) = Jährling

Yellow Mount (jello maunt) = > Paint Horse > Foundation Sire

Youth (juhth) = Jugend; Jugendliche(r)

Youth Class (...kläß) = Klasse oder Prüfung ausschließlich für Jugendliche, in der Regel bis zu 18 Jahren

Z

Zaum/Zaumzeug = Vorrichtung, die am Kopf des Pferdes angebracht wird und zu seiner Kontrolle und Lenkung dient. Bestandteil der meisten Zäume ist ein Mundstück, in der Regel aus Eisen, das dem Pferd ins Maul gelegt wird und an dem die Zügel befestigt werden. > Hackamore, > Side Pull und > Mechanical Hackamore sind gebißlose Zäume unterschiedlicher Wirkungsweisen, die das Westernreiten hervorgebracht hat

Zipper (sipr) = Reißverschluß

Zippo Pine Bar (sippo pain bar) = Herausragender Vererber von > Pleasure-Pferden

Anhang

Farbbezeichnungen der Westernpferde

Abb.82: BLACK

Abb.83: BROWN

Abb.85: BAY

Abb.84: BUCKSKIN (ohne Aalstrich)

Abb.87: DUN (mit Aalstrich)

Abb.86: GRULLO

Abb.89: RED DUN

Abb.88: CHESTNUT

Abb.90: SORREL

Abb.91: RED ROAN

Abb.93: BLUE ROAN

Abb.92: GREY

Abb.94: PALOMINO

Abb.95: CREMELLO